爸媽做對了
孩子就優秀

總 主 編 陳光

原書名：教養優秀孩子的八堂關鍵課

前言

「每個孩子都可以成為天才」的觀點早已成為教育界普遍認可的現象，但在很多的家長看來，孩子卻越來越不聽話，越來越難以教育，孩子的教育問題已經成為很多家長最為頭疼的問題了。

其實，家庭教育真的是一門很高深的學問，尤其要把孩子培養成為天才，則需要家長付出很多的心血。人類的大腦是非常神奇的，日本教育專家七田真教授經過大量的科學研究後發現，人類的右腦具有不可思議的能力，但在成長過程中，這種能力卻逐漸消失。所以，要讓孩子成為天才，當孩子還在準媽媽的肚子裡時，可以透過母子之間的愛的感應，開發孩子的右腦能力。

讓我們再來看看其他專家是怎麼說的吧！

巴夫洛夫：嬰兒降生的第三天開始教育，就遲了兩天。

蒙特梭利：人出生後前三年的發展，在其程度和重要性上，

超過人整個一生中的任何階段……我們可以把這三年看做是人的

一生。

格倫·多曼：正常的嬰兒出生時都有莎士比亞、莫札特、愛

迪生、愛因斯坦等人那樣的天才潛能，聰明和愚蠢同是環境的產

物。

由此可見，孩子的天才潛能越早開發越好，而且一定要給孩

子創造成為天才的環境。

親愛的家長朋友，您現在需要做的就是靜下心來好好的閱讀

這本書，相信書中有關專家的理論和一些成功的育子案例會給您

帶來很多的啓發。就讓這本書陪伴著您的孩子走上輝煌的天才之

路吧！

目錄

第一課
培養天才的關鍵在兒童期

很多科學的理論證明，0～12歲是兒童早期教育的關鍵期。美國著名心理學家卡特爾教授指出人的智力分為流體智力和晶體智力。流體智力是指人不依賴於文化和知識背景而對新事物學習的能力，如注意力、知識整合力、思維的敏捷性等，即天生具有的能力；晶體智力則是指人後天經過訓練而得到的能力，與文化知識、經驗的累積有關，如知識的廣度、判斷力等。

01 0～12歲

打造天才的黃金階段

在許多對天才的研究案例中我們不難發現，那些被讚譽為天才的人物，在童年時期幾乎都顯露出了超常的潛能並且表現出了卓越的才華。最重要的是在童年期，這些孩子的背後都會有著一對充滿著智慧的父母，正是這些父母正確的教育方法，使蘊藏在孩子潛能裡的想像力、感覺能力、記憶力和觀察力（好奇和探索）得以充分的挖掘出來，並最終將這些天賦轉化成為超異稟的天才潛能。如果說天才是偉大的人物，那麼天才的父母則是無名的英雄，正是他們對孩子進行了正確的早期教育，世界上又多了一位天才！

(1)老卡爾‧威特教出天才兒子

　　卡爾‧威特（Carl Weter）是十九世紀歐洲著名的神童，後來成為德國卓越的法學家和研究但丁的權威。他的父親老卡爾‧威特把如何培養兒子成為天才的感悟都寫進了《卡爾‧威特的教育》這本書裡，而這本書也對現代教育產生了極為深遠的影響，奠定了近百年來兒童早期教育的理論基礎，並且指出了家庭教育的最佳方法和典型模式。

　　老卡爾‧威特一開始就受到一位哲人的一席話所影響，「即使是普通的孩子，只要教育得法，也會成為不平凡的人」，在此信念之下，他從孩子的嬰兒期開始就精心研究教育孩子的方法。老卡爾‧威特說：「我在兒子沒有生下來之前，就堅信這一說法，並常常向別人宣傳」，「經過正確的教育方法，小威特使我第一次領悟到兒童的發展潛力是多麼大，由於兒童巨大的發展潛力所致，只要不失時機地為兒童的潛能打開閘門，它就會如泉水奔流而出，當孩子自然懂得運用自己的潛能後，孩子就會掌握了

自學能力並最終成爲天才。」小威特後來無論是外語，還是其他
學科，基本上都是自學的。兒子到了8、9歲時，某些學科的水準
已超過了父親。

老卡爾‧威特對孩子教育方法的經驗和體驗告訴我們，所謂
天才並不是少數人才會擁有的稟賦，其實人人都潛藏著無限的天
才潛能。孩子的天賦當然千差萬別，有的孩子多一點，有的少一
點。孩子最終會成爲天才或庸才，不是決定於天賦的多少，而是
取決於孩子生下來以後的教育方式。即使是那些表現得非常平凡
的孩子，只要教育得法，都能成爲非凡的人。

(2)科學證明早期教育有關鍵期

很多科學的理論證明，0～12歲是兒童早期教育的關鍵期。
美國著名心理學家卡特爾教授指出人的智力分爲流體智力和晶體
智力。流體智力是指人不依賴於文化和知識背景而對新事物學習
的能力，如注意力、知識整合力、思維的敏捷性等，即天生具有

的能力；晶體智力則是指人後天經過訓練而得到的能力，與文化知識、經驗的累積有關，如知識的廣度、判斷力等。晶體智力一部分是由教育和經驗決定的，一部分是早期流體智力發展的結果。科學證明流體智力在人的12歲之前就成熟了，這說明：如果在12歲之前不能充分地開發出人的流體智力的話，那麼後來的晶體智力的發展就會受到限制。而情感領域的就更是這樣了，小時候的缺失對孩子來說是更難補救的。很多人一生都爲小時候形成的某種「情結」所困擾。美國著名心理學家芝加哥大學教授布洛姆研究分析，在智力上如果把18歲的人所達到的平均智力水準看做是100％的話，從出生到4歲獲得50％的智力，7〜12歲兒童的智力完成已達到90％，剩下的10％是屬於比較深層次的抽象力和邏輯智力。

從理論到實際經驗來看，做爲人生發展的初始階段的兒童期確實是成爲天才的關鍵期。在這個時期兒童對成人的依賴性很

大，可塑性很強。身為孩子的父母要把握住這一關鍵期，針對孩子的特點和個性，制訂培養孩子的方案。相信在您精心的教育和培養下，您的孩子會成為令人羨慕的天才，即使成不了天才，也絕對不會成為庸才！

02 0～12歲孩子的特徵

（1）嬰幼兒時期（0～5歲）

　　這個時期的孩子具有集中注意力的特質，如果他看見一個吸引自己注意力的物品以後，其他的刺激很快就被拋開了。一些比如變形金剛戰士這類劇情的玩具、漫畫、卡通、書和相關的遊戲，會刺激孩子產生無限的想像力。大量科技實驗結果顯示，這正好符合這個年齡層孩子右腦活動對好奇和新鮮感的需求，也就是說孩子對外在事物充滿了好奇和新鮮感，這個時段的孩子往往喜歡問「為什麼」，因此，身為父母，要經常鼓勵孩子保持好奇的心理。

15

關於兒童期在認知能力方面的特徵，瑞士兒童心理學家皮亞傑認為這個階段的孩子還不會運用邏輯思考能力，還沒有分析能力，只能運用直覺，完全憑直覺的刺激反應來處理他的問題。這個階段的孩子在語言、行為、溝通技巧方面開始明顯社會化，尤其容易接受父母、老師的意見和知識。

這個時期的孩子另外一個特徵，就是有強烈的自我中心感，他從來不會過問「為什麼我不懂」、「為什麼我記不起來」等這些問題。這個階段的孩子的想法受制於周邊小環境裡感官所接觸的刺激和直覺反應，他受制於自我中心的觀點，所以認知的吸納範圍十分小，他還不會有意去瞭解超過他生活圈外的事物。

（2）學齡兒童時期（6～12歲）

這一階段的兒童比較擅長邏輯思考，因為他們的左腦已經一步步地發展起來了，進入這個年齡階段的孩子，開始處理一些簡單的抽象概念，有了合理的推演能力。當他們有了這樣的能力之

後，就開始能分辨事情的細節和彼此的差異了，在潛意識裡已基本上具有成人的思考能力和理解與認識能力，只是還未能適應比較抽象的知識，也還沒有具備這樣的思考能力，因為這些能力必須等到孩子擁有觀察能力之後才會慢慢的顯現出來。

這一階段的孩子開始具有團體的傾向。因此，這個階段的孩子喜歡在同學中、團體中進行互動，隨時隨地想成為某一群體的一分子，希望受到大家的喜愛，並學習與別人如何相處，他非常

17

重視與他人之間的關係。

　　6～12歲的孩子有兩項特別的需求，就是他需要愛、安全與成長，同時仍然喜歡玩和追求刺激。他希望被接受、被愛，同時也希望得到父母、兄弟、姐妹、同學對自己的讚賞，一般而言，他們會十分相信父母的話。到11歲左右，因周圍接觸面越來越廣，接觸的人越來越多，隨著社會敏感度的增強，他們的自尊心也就自然而然的形成了，開始在意自己內在的想法，例如「我聰明嗎？」、「別人喜歡我嗎？」、「我可以這樣做嗎？」但孩子不太會表露出他內心的看法。這個時期的孩子需要大人不斷與他們溝通，讓他表露內心的想法，以抒解內在的壓力和焦慮，這個時期父母應該配合相對的教育方法，和孩子進行溝通和交談，並把孩子當成自己的朋友看待！

　　尤其值得注意的是，孩子在這一時期有著強烈的競爭意識，隨時都把自己與其他孩子進行比較，尤其喜歡各種有競爭比賽性

的遊戲和體育活動，例如電子遊戲、紙牌、團體遊戲或與鄰居的孩子進行各種自娛自樂的比賽。

總之，7歲前的幼兒期，事事依賴大人，從大人教誨中得到非黑即白、非對即錯的判斷能力，到了兒童期，左腦功能逐漸發展，孩子已經擁有相對的判斷能力了，當有些情況自己與大人的喜惡感不同時，他會不願意接受大人的觀念，例如大多數家長認為看漫畫書會影響學習，但孩子還是很愛看。所以父母要清楚孩子在不同年齡層的特徵，把握孩子的心理狀況，才能正確的引導孩子，使孩子順利成材！

03 兒童期的經歷
將直接影響孩子的成長

　　兒童進入青春期後在生理、心理和學習態度上都會有很大的轉變，孩子是否會在這種轉變中積極健康成長，完全取決於教育方法的正確與否。

　　13歲以後，孩子在生理機能上有明顯的變化，進而影響到心理情緒和行為方面許多特性。越來越多資料顯示，今日孩子的青春期開始得越來越早。青春期的開始，不只是生理和心理的改變，在個人的知識形式和認知行為上，都隨之發生了許多轉變。

（1）開始有抽象思考能力

　　頭腦開始發展充分的抽象思維能力和這方面的認知功能，並且孩子有了獨立的、自己的思考方式。有了自由的思考，思考空

間擴大了，幫助他進入以前未曾探索過的領域。

在認知發展學習上，他開始可以從非常複雜、抽象的角度思考問題、分析問題和處理問題。有些孩子會發展出極高的學習動機。

（2）自我意識形成

教育心理學家艾力克森認為，從兒童自我中心（沒有自我認知的意識）到前青春期以後，逐漸形成複雜的自我意識，擁有自己的感受和抱負。

他逐漸養成自己看事情的觀點，這些觀點多半和他的長輩觀念、社會既定規範有些衝突，矛盾的差異會造成他情緒上的起伏和不安，從此與常以訓誡口氣說話的長輩拉長了距離。

自我意識使自尊更敏感，對外觀的美麗、自我尊嚴、發表意見的權利、社會對他的接受度都非常在意。

（3）在思想上開始走向獨立

13歲以後，孩子開始嘗試沒有大人陪伴的去逛街、看電影、購物，自行決定他們要買的物品，購物時父母的影響，明顯地越來越小，但父母仍然喜歡干預，由於干預的方式、方法不得當，使孩子產生極大的叛逆心理。當然，並非所有青少年都會出現叛逆現象，不一定每個孩子都有強烈的獨立欲望，有不少孩子在此時期，還相當保守，對父母、老師有強烈的認同，這與兒童時期養成的教育和家庭環境有很大關係。

從13歲孩子的性格特徵來看，從兒童期進入青春期，孩子的

自我意識是個遞增的過程。逐漸強烈的自我意識所產生的自尊或壓力，將有可能使他產生極端的行為，例如，沉迷於他喜愛的事物，叛逆而排斥一切說教，恐懼或厭惡學習等。這一切正面或負面的行為，都與兒童期所建立的學習信心和家庭氣氛密切相關。如果在兒童期培養出興趣和高度的自我學習能力，則他就會積極地、順利地朝著正面的方向發展。反之，兒童期的挫敗和喪失學習信心，將導致少年期的煩惱，而走向負面行為的方向，最常見的現象是「假性低智」，就是學什麼都學不好。

04 6～12歲孩子的
天才培養之道

（1）兒童期與青春期的學習興趣和學習能力

不論哪一個年齡層的孩子，能力上的限制均會阻礙他學習的成功，兒童階段若能成功處理學習上的阻礙，就能夠幫助孩子保持熱情和興趣，使孩子隨著自發的興趣自然而然的進入下一個階段的良好學習狀態，形成良性循環，往後每一個年齡層，都會受上一階段成敗的影響。從這一點不難看出幫助孩子形成學習習慣是很重要的。

兒童天生都懷有高度好奇和學習的動機，能夠主動地去學習他們認為對自己有用的知識，並且他們會努力在生活中運用所學的知識。如果兒童經常失敗，心理就可能會產生自卑，這將導致

下一個年齡層缺乏自信，甚至感覺事事都將失敗或事事不如人。

與之相反的是如果他們能夠在每一次機會中都獲得成功，將會激

發他的進取心和進一步嘗試的勇氣，並且在他們失敗的時候透過

適當的引導還能夠培養他們的自我調整能力和堅忍不拔的性格。

　　這一時期最大的風險是不穩定的心智和進取心。這一時期，

兒童可能會在學習知識方面落後於別人，或者在學習上遭遇挫

折，常會受到父母和老師的指責，而產生無能為力的感覺，甚至

感覺自己不可能完成父母或老師指定的某些目標。例如，我們常

見許多兒童因為常常不會解答數學或英語習題時，對上數學或英

語課就沒有了興趣，這樣也會影響未來下一個年齡階段新的學習

興趣。這樣的孩子大多停留在中、下成績狀態。

　　我們一再強調兒童期為什麼是學習的關鍵性時間是因為兒

童期孩子處在最容易接納學習的階段，最有機會開啟他的天賦潛

能。孩子一旦進入前青春期和青春期，在很多方面都有了重要的

轉變，複雜的自我意識逐漸形成，慢慢擁有了自己的感受和抱負，他已不再完全接受別人提供的見解看法和學習教育方式。兒童期學習能力發展的成功與否和家庭背景所帶來的影響對孩子的人格發展至關重要，因為這個階段的孩子會變得越來越敏感、越來越能感受可能面臨的壓力。

如果在前青春期以後才開始開發孩子的天才潛能，時機則略顯得有些晚。這個時期的孩子因為自我意識增強會抗拒那些並不是他所喜歡和所選擇的事情。另外，課業的繁重壓力和升學的壓力，也將使他沒有心思去學習除了課本以外的知識。

（2）兒童期和青春期應如何面對傳統教育

傳統應試教育的確必須要做很大變革，不僅在教育方式上，連教育內容和目標都應該調整。今天和未來的教育目標都需順應時代的發展趨勢和需求，至少應以培養更多有能力的孩子為目標，而不僅僅是盡到「義務」教育而已。

　　許多教育研究指出，從兒童時期如何培養孩子的學習能力是孩子智慧發展的最關鍵時期，他們認為「兒童的巨大發展潛力，只要不失時機、不失方法地幫助兒童打開閘門，潛力和能力就會像泉水一樣奔流而出，實際上孩子們是可以學到許多令人震驚的知識的。」

05 孩子的天才之路
需要引導

芝加哥大學教授B. S. Bloom研究分析，0～12歲兒童的腦力最活躍，腦神經細胞活動力最旺盛。例如都是第一次接觸外語，18歲的孩子的學習技能竟然比10歲的小孩差。科學顯示，如果兒童時期充分發揮學習能力，13歲以後，孩子的辭彙、閱讀理解及一般學習都非常快速和靈敏。另一項研究發現，大多數學習落後或學習遲鈍的青年，學習落後的原因是兒童期沒有獲得有利於發展的環境、學習方法、經驗及健康狀況。

（1）奠定孩子走向天才之路的能力

學習貫穿於人的一生，中小學教育是人一生中至關重要的階段，正確的學習方法會指導孩子掌握進入深層學習所必備的基

本技能和良好的思維習慣。

讓孩子成爲天才，讓孩子更聰明、更有腦力去應付未來更深奧而複雜的知識，讓孩子擁有適應高度競爭環境所需要的創新力，這一切都應該是父母心中努力的目標，實現這些目標的過程是一個持續的嘗試過程，不可能一蹴可幾的。提早培養孩子正

確有效地學習，提早開發大腦腦力，提早激發孩子的創造力和奠定孩子走向天才者的能力基礎，這些都是這一代孩子所迫切需要的。

（2）讓孩子贏在起跑點上

二十一世紀知識經濟時代產生了新競爭觀，爲了讓孩子贏在起跑點上，從孩子早期教育開始，父母們就該有意識地激發孩子的潛能了。而成爲天才最大的奧秘，就是那些隱藏在兒童大腦中的天賦潛能能否被引爆！每一個兒童的大腦天生就是一個無以倫比的創造性實驗室，他們具有不受限制的想像力和讓人吃驚的創造力。不幸的是，大多數孩子都正在接受不適當的教育方式，使同樣能成爲天才的大腦被凍結了。

第二課
構築孩子天才的大腦

如果能善用大腦細胞活動，大腦記憶容量可容納相當

於五億本書籍的知識容量；如果能夠發揮大腦一半的

功能，那麼將輕而易舉地學會十二種語言，背誦整套

百科全書，拿下十二個博士學位！

01 您的孩子
擁有神奇的大腦

　　很早以前，可以追溯到古希臘時期，許多思想家都認為人類心靈的許多功能都集中在人的心裡。似乎是說，人出生以來是用心在思考。不可思議的是直到500年前大眾才開始接受一個事實，即大腦才是主宰人類一切思維的泉源。但是，我們對大腦的奧秘仍然一知半解。

　　其實，關於大腦，你知道的越多，你越清楚大腦裡還有那麼廣大的區域沒有使用到，沒有去填滿；你對大腦知道的越多，你才知道你孩子的天賦潛能是無以倫比的，原來他本身也擁有與天才完全相同的腦袋。只是遺憾的是，我們的很多父母並沒有認識到孩子大腦內蘊藏的神奇威力。現在，讓我們一起來解開孩子的

大腦之謎吧！

（1）孩子的大腦能量

讓我們從科普知識的角度來認識一下孩子的神奇大腦吧！

大腦大約與兩個握緊的拳頭大小相似，根據研究，人類在胚

胎期，腦部神經就是最早發育的，即使呱呱落地之後，也處

在迅速發育的階段，以新生兒來說，大腦約重400公克，已經

佔了成人腦重量（約1.5公斤）的25％，到了6歲大約重1.2公

斤，逐漸接近成人的腦重了。大腦的神經元或神經細胞，經常處於活動狀態中的只有十幾億個，僅佔腦細胞8％左右，90％以上處在暫時靜止或沉睡狀態。另外，每個大腦細胞都具有可以與上百萬個附加腦細胞連結觸動而產生生理作用的可能性。所以，如果有辦法使大腦細胞活躍連結起來，大腦蘊藏的潛力是巨大的。有人舉例：如果能善用大腦細胞活動，大腦記憶容量可容納相當於五億本書籍的知識容量；如果能夠發揮大腦一半的功能，那麼將輕而易舉地學會十二種語言，背誦整套百科全書，拿下十二個博士學位！

（2）越用越神奇的大腦

此外，現代腦科學研究還發現，大腦細胞有一種特性：人越使用大腦，越啟動各種感官和肢體，腦細胞的新陳代謝速度就越快，大腦細胞衰亡速度也越慢。大腦細胞每天一方面在衰亡，一方面透過刺激腦的活動又產生新的延伸細胞，不用大腦思維活

動，衰亡更快，但算起來，也僅是整個數量的小小部分而已，無傷大雅，雖然如此，若大腦不激化、不常常活動，也相當於在困倦中逐漸枯萎。

（3）父母要給孩子補腦

雖然我們都非腦科學這方面的專家，不可能充分明白大腦的相關知識，這也無妨，但是爸爸媽媽認識腦的初級知識是很重要的，因為0～12歲的孩子的大腦是人一生中腦部發展的重要黃金期，也深切影響著未來智力潛能的發展，如何把握這段黃金期，給予孩子早期教育，促進腦細胞的增加分化與腦神經的突觸緊密連結，是非常重要的。

02 引導孩子
善用左右腦

　　可能很多父母都知道人類的左右腦是各司其職的，但是很少有父母能把左右腦到底如何分工說清楚，所以，父母們有必要在這裡瞭解左右腦的不同功能，因為，讓孩子善用左右腦，聰明加倍。

（1）左右腦各司其職

　　左腦專司「學習」方面的功能，例如：語言、數學運算、邏輯思考、排序、分析等的能力。右腦專司「創造」方面的功能，例如：詩歌、節奏感、音樂、視覺印象（彩色、繪畫等的能力）。另外右腦也具有抽象意念的功能，例如：愛情、美感和忠誠。雖然左右腦各司其職，事實上，接管資訊的處理和內在思考

都牽動著左右腦的運動。

　　右腦支配我們左半身肌肉神經，左腦支配我們右半身肌肉神經，這種在構造上自然的對稱平衡實在絕妙，每個人必然善用右手或左手（俗稱左撇子）。慣用左手者通常右腦活躍，富有想像力和創造力；慣用右手者通常左腦活躍，表達和邏輯思維強。

（2）幫助孩子開發容易被忽視的右腦

　　兒童從7歲開始，逐漸轉進左腦活躍的階段，邏輯和理性思維扮演智慧活動的主要角色。另一方面，孩子承受的學校教育和社會觀念，也一味偏向教導邏輯和理性的思維方式，從此以後，不僅孩子，連我們都變成極端左腦的人。假設右腦能力為100％，實際上我們只運用3％的能力而已。「右腦本來也和左腦一樣，具有驅使語言活動的功能，也具備有記憶知識、計算力和發揮創造的能力。可是我們沒有善用，所以右腦便進入休息狀態，若加以訓練，學會右腦開發術，那麼我們就可隨心所欲地運

用語言，可以講六、七國語言，甚至成為語言天才。我們也可以變成一個擁有超強記憶力，擁有突發的創造能力的人。達文西等許多天才就是屬於這種人，如果我們能重視開發我們的右腦，便能擁有天才的素質。」所以，要切記三個要點：第一，提高左右腦的協調能力；第二，學習利用右腦的創造力；第三，透過革新的學習方法提高創新能力。

（3）天才孩子都是「全腦學習」

　　從天才兒童、資優兒童的許多超能的記載或研究裡發現，這些兒童展現出高超的記憶力，以及高難度的計算能力，都屬於右腦的智慧特質。如果你期望把孩子的天賦潛能引發出來，那麼在他的邏輯和理性思維發展的同時，也就是在他左腦開發的同時，也要把一部分注意力放到右腦的學習上，取回右腦不可思議的能力，使它和正在擴充的左腦能力結合才能真正開啓孩子的天賦潛能。專家把這種現象稱之為「全腦時代」──讓孩子們自在地、平衡地使用右腦和左腦學習。全腦學習的意義不僅是讓孩子未來贏得高超智慧，而且也在創造力上成為天才。

03 大腦的運作方式
決定孩子的記憶力

　　天才和一般人的大腦容量是一樣的。可是日常生活中，孩子們在心智和能力方面有著各式各樣的差距，究其原因在於父母由於對大腦的運作方式不瞭解，進而不能善用大腦的功能。

　　每個孩子都擁有令人不可思議的大腦。有些孩子在很小的時候就展露了他們大腦的天賦特徵，例如有些神童能做極大而複雜的數字計算，有些奇才兒童表現出速讀或表演超強的記憶力，有些人童年時期便有音樂方面傑出的天賦等等。既然大腦容量和功能都差不多，那麼這些孩子能，為什麼您的孩子就不能呢？

　　因此，所有的父母要相信：您的孩子也能成為天才兒童，只要您能耐心地熟悉大腦的運作方式，然後根據大腦的活動規律來

指導孩子學習，那麼孩子的學習效率必定事半功倍，反過來，學習方法得當也會促進大腦的能力，啓動大腦更快速的運作。

（1）瞭解記憶的規律

在生活中我們常看到這樣的現象：許多孩子在學習某些東西之後，特別是讀完一篇文章、一本故事書，幾分鐘或幾小時之後就忘得一乾二淨！也許有人認爲，因爲如今的孩子需要學習的知識太多了，遠遠超出了他們的承受能力。可是，他們處在與往昔大不相同的知識經濟時代，他們不得不學習龐大繁多的知識，以此來適應這個社會。所以提取記憶的方式就顯得非常重要了。

天生過目不忘的人少之又少。父母是有經驗的，沒有經常複習或重複的事物，我們通常是容易忘的，所以，在日常生活中，工作中都需要記事本的協助，這種現象被專家稱爲「短期記憶」（片刻記憶）。

（2）瞭解孩子的大腦如何儲存知識

學習的基本過程就是記憶的過程。記憶是成為天才的必要條件。因此，第一步父母要熟知把短期記憶轉變為長期記憶的關鍵：重複記憶。孩子平時所學的知識繁多，每天都在接觸新的知識，如果不即時鞏固、複習，在學新知識的過程中舊知識就成了短期記憶被很快遺忘。

　　所以，大腦內部建立長期記憶的過程也是聖人孔子所說的「溫故而知新」的過程。

　　第二步父母要熟知大腦如何快速提取記憶。依據艾力克·簡森的說法，語意和文字記憶的儲存分散在整個大

腦中，大腦不是很擅長提取這種零散的資訊。大腦神經系統需要透過激發連結儲存的相互聯繫的資訊，才能留得住或回想起來學過的東西。

所以，相關聯的刺激是很重要的。要發揮大腦的儲存和提取能力，要改善記憶力，關鍵是學習如何尋找資訊之間的關聯性、相似性和同類性。邏輯式記憶大師陳光說：「記憶是由『已知』導出『未知』的過程。」也就是說，如果孩子學習的知識是零散的，就不容易記住。如果一條知識與另一條知識之間有很多關聯，記憶就變得容易了。當提取記憶時，可以用相互關聯的知識刺激大腦，所有的知識就都記起來了。

04 分類記憶的妙處

（1）語意記憶

包括人名、事實、數字和令我們傷腦筋的課文內容的記憶，這些內容的記憶是記憶系統中最弱的一環。因為大腦不太善於儲存這種複雜零亂類型的資訊。大腦需要透過語言的激化（即強烈印象的連結）和關聯性的連結來儲存這樣的資訊。也就是讓孩子用聯繫的方法進行語意記憶。另外，孩子有強烈的「想記住」的願望，語意記憶也會很容易，比如同樣的一篇文章，主動且很情願地去記就比不情願地去記要記得快也記得牢。

（2）事件記憶

指場所、空間事件或情境的記憶。事件記憶受到好奇心、新

奇和期待所左右，也會因爲感官受到豐富的刺激而增強記憶，包括視覺、聽覺和觸覺刺激。例如：讓孩子親自動手組裝學習機器模型，或觸摸某學習對象的生物，經過感覺的傳達，他在那一方面的記憶和學習領會顯得快速而印象深刻。如果是平淡無奇，讓學習者感覺無味，他很快也就忘記這些做過的事。

（3）程式記憶

也稱爲動作記憶、身體記憶或學習記憶。例如，由身體動作，運動、舞蹈、遊戲、角色扮演等方式，啓動他學過的經驗記憶，如幾年沒有騎腳踏車，試騎一回，以前的技巧馬上一一再現。十幾年前喜愛的歌曲，忘了歌詞，隨著旋律對照歌詞試唱幾遍，所有遺忘的都流暢再現。這類記憶只要少許複習和一點內在動機，就全然回憶起來。學生最難忘的教室學習經驗，就是親自動手做成功的那些經驗。善用這類形式的活動運作方法，比起只有認知活動、死背硬記，更能使大腦獲得更廣、更複雜、更完整

的鮮明印象。

（4）反射記憶

這些記憶是我們能很快地自然而然提取的記憶，不必刻意去回想、推敲。這類記憶依靠大腦皮質「自動化通路」。例如，一個始終無法背誦課文的學生，卻能記得起一大串歇後語。這是因爲歇後語前後兩部分內容是可以用日常生活經驗去猜測的，當猜測時大腦各部位都在一起反應。另外，帶有積極強烈情感的事件，有強烈視覺效果的圖像如卡通畫面、顯示卡、醒目的對比顏色或符號也很容易記住並回想起來。因此，如果孩子實在記不住某些東西時，您可以讓他把所要記的東西盡量與他日常生活中所熟悉的東西聯繫起來，當這種聯繫一旦建立，孩子想到他熟悉的經驗時就會條件反射地想起那些死板的知識了。比如可以讓孩子把難記的知識編成節目來演，把知識編進會唱的歌曲裡等等，這樣不僅知識記得牢，還能順便培養其他方面的素質。

　　正如前面所說，父母熟知了大腦儲存和提取資訊的各種不同有利方式，就會更瞭解怎樣使孩子學習方法更有效果，再加上使用合適的記憶系統和激發方式，孩子就可以將潛能激發出來，獲得成功的經驗。

05 孩子的天才大腦
需要環境的薰陶

　　用一句我們平時說的俗話來形容大腦的作用，那就是大腦常要「眼觀六路，耳聽八方」，事實上，我們隨時都處在這種狀況之下，由此可知，周圍的環境對一個人接收資訊的能力和學習心境的影響至關重要。例如，資源匱乏的環境或者豐富多彩的環境，有壓力和限制的環境或者舒暢且能夠自由發揮的環境，喧嘩紛擾的環境或者寧靜、活潑生動的環境等等，諸多相差各異的環境下所造就出來的孩子的資質，必然差距甚大。

（1）創造適合孩子提高智商的環境

　　美國的一位專家，多年研究環境對孩子成長的影響，他曾經說過：「現在我們越來越瞭解環境可以影響人了，越來越明白可

以用不同的方法去改變孩子的IQ，環境的好壞能夠使孩子的智商成就或增或減至少20％，最大的差距就有40％左右。」因此，提供豐富而適宜的環境，能夠加強孩子大腦皮質的知覺，孩子的學習會顯得更紮實，孩子對於所學習到的知識的靈活運用度會大大增加。

有科學證明：兒童時期的大腦，大量消耗體內的葡萄糖，並且不間斷的持續生長，它所需熱量僅僅是成人的3％，所以兒童時期的大腦應該是學得最快，同時也是最能學習的時期。越是在這個大腦最需要資訊滋養旺盛的時期和渴求知識的時期，給予兒童充滿新奇、趣味、刺激、想像的環境，這種環境就越會觸動大腦的潛能，而引發孩子腦細胞驚人的成長，這些都是成就快速學習的能力基礎，奠定未來成為高智商者基礎的關鍵要素。

（2）環境＋方法＝高智商

科學家們一直致力於找出傑出大腦的決定因素，最後他們總

結發現：想要使孩子發展出優異的大腦主要有兩個非常重要的因素！

第一，周圍的環境應具有新奇而創意的布置和設計，要有豐富而有序的資訊（如圖書雜誌、電腦），要讓學習對孩子來講始終充滿挑戰性。

第二，要養成孩子良好的學習方式和技巧，讓孩子不斷的從學習中獲得合理的回饋，並引導孩子不斷思考。當然輔助性的環境也需加以重視，例如，如何使學生大腦進入規律而有效的記憶模式，新奇而刺激的競賽或遊戲等。要讓學習環境充滿趣味、活

潑生動是非常重要的，這樣的環境一定會使孩子樂於學習，並且不斷從學習中尋找樂趣，引發孩子自主的學習興趣。

　　所以說，我們不能選擇孩子本身的「硬體條件」，但是我們絕對可以透過對孩子成長過程中的周邊環境來影響孩子，進而提高孩子的成就，促使孩子進入學習和生活的良性循環，幫助孩子成材。

06 孩子天才大腦的開發之道

（1）科學的腦力刺激實驗

　　曾有一位名為巴夫洛夫的專家做了一個實驗，他把同時生下來且同樣體重的小白鼠分成兩組，一組放於較大、光線充足的空間，提供豐富的聲響，有滾筒、溜滑梯等玩具，讓小白鼠自由追逐玩耍；另一組小白鼠，則被關在沒有光線的籠子裡，沒有玩具、沒有同伴，雖然提供同樣的食物，不過經過十九天的測試，智力的表現卻是大相逕庭的。

　　結果顯示：前一組小白鼠機敏靈活，人抓不住牠們。後一組小白鼠則呆滯遲緩，即使人去抓牠們，也不知道逃跑。抽樣解剖發現，前一組小白鼠因為常常接受豐富的資訊刺激，牠們的大腦

生出了許多突觸，突觸又發展出緊密的連結；而後一組小白鼠則因為較少受刺激，腦組織竟然呈現萎縮狀態，腦重量及體積也相對變小。

巴夫洛夫這個實驗的結果，主要是用來證明早期教育的重要性，他認為在孩子成長的過程中，一旦錯過了生長發育期的發展，腦組織結構就會趨於定型，潛能發展也將受到限制，即使擁有優越的天賦，也無法獲得良好的發展。

（2）刺激不足造成的發展遲緩

試想，若我們的孩子像小白老鼠一樣錯過時機，缺乏適當的腦力刺激，會造成什麼樣的後果呢？兒童心智早期療育的專家說：「兒童心智發展遲緩，除了有些是先天的腦部功能缺陷造成的，還有一部分是屬於後天形成的，原因在於從出生開始，孩子腦部的功能就沒有獲得足夠的刺激與開發，以致腦發展延遲。如果孩子長期在缺乏豐富刺激與互動的環境下成長，造成只有生理

的持續成長，而心智的成長卻因而遠遠落後於正常的指標。」

（3）腦力刺激的途徑

什麼可以構成有效的刺激呢？如果總是用舊知識做已經知道如何做的事情，則刺激較小；如果孩子自願做這件事，並渴望尋求新事物，或新奇事物能給他帶來對自己有意義的價值，則引起的刺激力較強，例如解決新問題，聽新音樂帶來的新體驗，會產生較強的刺激。記憶是靠外界環境對大腦進行刺激並形成痕跡的，大腦神經受到的刺激越深，記憶的持久性就越強，所以新事物較強的刺激會留下很深且持久的記憶。

新的刺激都是透過感官的受動而激化大腦活動的。所以父母要善用視覺、聽覺、觸覺等感官和運動、口誦等方法，形成對各種感官強烈的刺激，向大腦傳遞更多的新資訊，這便是發展腦智慧有效的方式。

例如，對孩子來說，新奇而有意義的視覺刺激，如美麗的圖

畫，適宜而快樂的聲音刺激，如上口的兒歌，或學習全新的肢體

活動，如一段新鮮而活潑的舞蹈等等，都能夠刺激大腦皮層成長

和活躍，進而在大腦中產生大量的記憶源，使神經細胞做更多的

連結，以刺激孩子的智力不斷的發展。

07 過重的壓力
會抑制孩子大腦的成長

（1）不要讓「可體松」成為壓力的載體

孩子大腦的智慧和心智發展最大的阻力，就是消極情緒和受到壓力。當我們感受到壓力時，腎上腺會分泌一種物質——可體松，可體松是心境和情緒的傳播者。當一個人面對身體、環境、學業和情緒上過度的負擔重壓時，當一個人產生畏縮、恐懼和不安的情緒時，體內就會分泌出可體松，因而產生一系列的生理和心理反應，包括免疫系統功能降低、肌肉緊張、血壓升高。如果可體松長期處於高量狀態，會導致大腦其中一個部位的腦細胞死亡，而這一部位正是對外顯記憶的形成起重要作用的關鍵部位。換句話說，承受較大心理壓力時，注意力將無法集中，並且所學

的知識將無法記憶。

（2）長期承受壓力會使孩子的精神崩潰

長期的心理壓力會擾亂大腦的程式運作和調節，導致孩子無法分辨事情的重要性和輕重緩急。而且會導致孩子的思考紊亂，長期記憶的形成能力減弱，甚至壓抑成心理疾病。同時壓力的累積還會影響情緒，使孩子沒有興趣學習，成績低落。

（3）要即時切斷過重壓力的源頭

那麼壓力是如何產生的呢？綜合各方面的研究分析顯示，壓力的來源大概包括考試過多、作業過多、孩子人際關係不佳、成績低於自己或父母期望、父母期待過高、監督控制過嚴等等。壓力的過多可能導致學習的挫敗感一同產生，抑制在心裡，再怎麼學也會學不好。特別是在兒童階段，他尚無法處理壓力的能力。父母如果不即時幫助孩子解決過多、過大的壓力，孩子的智力將會停滯。

在上述壓力源中失望和挫敗感是許多孩子最常見的壓力源。

孩子在學校裡經常會碰到不盡如人意的事情，例如：成績偶而退步、同學欺負嘲笑、解不出作業答案和聽不懂老師講課等等。這類情況的解決方法，在於教師如何提供給學生一種穩定感。教育研究者提供了一些解決這方面問題的良方，最佳方法是採取小組互相學習、互相慶祝學習成果，老師鼓勵每一位學生，當孩子沒有自卑的情緒時，大腦就會完全放鬆，學習效率穩步提升。雖然這看似是老師應該負責的解決方法，但是也不是說父母就沒有義務去協助老師了，當孩子在學校受到這些壓力時，他們回到家裡會有所表現，有的孩子主動想和爸爸媽媽談心，有的孩子心情沮喪、表情難過、悶悶不樂、排斥學習，甚至食欲不振，這時候父母就該提高警覺了，要即時關心孩子，和他們溝通並瞭解他們在學校的情況，用言語疏導他們並向老師反應，提出建議，父母和老師雙方配合消減孩子的壓力。

（4）引導孩子積極的進取精神

正面而積極的情緒會大大影響孩子的思考能力和學習能力，雷杜依教授認為，情緒、思考、學習是相互連結一起，不可分的。積極的情緒引導注意力和創造力，他說：「情緒是大腦的高速公路。」也就是說，情緒越好，通向大腦的高速公路就越暢通，資訊傳入大腦的速度就越快。積極而強烈的情緒產生時，大腦神經細胞會高度活動，同時製造更多正面的化學傳導物質，使回憶和記憶效果特佳。所以父母要善於用音樂、遊戲、戲劇或故事等，來引發孩子參與學習的積極情緒。

08 肢體學習
對孩子神經系統發育的益處

（1）小腦所具備的強大功能

　　小腦只佔整個腦大約十分之一，但腦神經數量一半以上卻集中在小腦上。小腦的神經纖維比最複雜的視覺神經系統還要多40倍。形象的說在小腦與大腦之間有一條高速通路，這條通路是處理記憶、注意力和空間知覺的部位，而且通向大腦內處理動作和學習的區域。

　　很早以前，人們認為小腦僅僅在自動執行控制肢體技能的動作，並不需要意識參與，只有依賴於感官和動作之間的協調，故被戲稱為「自動駕駛員」。直到1995年神經科學學會，泰奇（W. Tthatch Jr.）研究小組報告中才提出新證據，指出小腦與記憶、語

言、注意力、情緒、做決定的能力之間也有很大的關係。還明確

指證，體育活動、肢體活動和遊戲，對提高認知能力具有相當大

的功能。美國西雅圖市對三年級學生所做的一項研究顯示，學生

用舞蹈活動來配合學習語文的概念，結果該批學生閱讀測驗分數

比以前大幅提高了13％。

（2）肢體運動會促使小腦和大腦共同發育

運動可以鍛鍊身體，事實上也可以強化基底核、小腦、胼胝

體以及大腦中所有的重要部位。運動製造大腦中的「氧」，提供

滋養神經的物質，進而增強神經元的成長和促進神經元之間更多

的連結。使大腦活躍的「營養品」就是血液和氧，由於運動可以

補充氧氣的關係，對記憶有莫大的幫助。

另外，有氧運動能夠產生增強心智的持久性效果，也能幫助

腦更快速地反應，這些都是以肢體學習為方法的。在加拿大進行

的一項研究中，受試驗學生500人以上，每天花半小時在體育課

程上，結果，他們在考試上的表現，遠超過沒有參加體育課程的

學生。分析顯示這個事例的主要原因是運動可以刺激大腦而抒緩

平常每日所面對的學習壓力。

第三課
要善於發現孩子的
天賦與潛能

人類大腦能力超乎你的想像，遺憾的是，即使有無止

盡的潛能待我們開發，可是卻有太多太多的父母們都

忽略了孩子早期發展的引導和培養，沒有好好的在孩

子早期智力開發方面投入熱情和精力，沒能幫孩子打

下堅實的基礎，而荒廢了孩子的一生。

01 每個孩子都擁有 自己的天賦與潛能

我們毫不誇張地形容每一個孩子的大腦如同一個小宇宙，各個腦神經細胞生生不息、運行不已，做父母的一定要懂得好好運用它，孩子的智慧將取之不竭、用之不盡。

（1）孩子的天賦分析

人腦由140億個細胞構成，幾十億細胞元中的每一個連結細胞，都比今天最大的電腦程式強並複雜許多倍，神經元細胞不同連接點的可能數目，也許比宇宙的原子數還多。人類大腦的自然功能，特別在激發和發展人類本身的智慧和心靈力量上，具有無比的能量。人類大腦隨時間進化和發揮，大腦中無以計量的潛能，不是特意恩賜給少數幸運的天才人物，而是每一個人天生就

具有的——天賦寄寓於每個不同孩子的腦中！基於這一點，我們

絕對可以用「天賦」一詞來解釋孩子們那無盡的潛能。

其實，用在智力方面的腦細胞，經常活動和運用的，不過十

幾億個，還有九成左右的神經細胞在「睡大覺」，並未得到很好

的運用和發揮。美國一位科學家認為，健康人的大腦，如果始終

堅持不懈學習，那麼它所能容納的知識訊息量，可達到五十二億

冊書的內容。

（2）孩子的潛能分析

過去十年中，生物科技、心理科學、腦神經科學等都在不斷

地探索人腦的奧秘和人的天賦潛能之間的關聯，不斷地研究如何

開發人腦才能使人的天賦潛能全部被「引爆」。

生物科技、心理科學和腦神經科學等合作的快速發展，不但

剖析證實了每個孩子都擁有天生稟賦，而且證明了歷史上的天才

們與我們孩子的大腦容量和機制並無多少差異，實際上都有著深

不可測的潛力，只不過因爲環境影響的差別最後有的孩子成了天才，有的則碌碌無爲，而其中更關鍵的原因是很少有父母懂得如何去激發每個「沉睡中的巨人」。

人類大腦能力超乎你的想像，遺憾的是，即使有無止盡的潛能待我們開發，可是卻有太多太多的父母們都忽略了孩子早期發展的引導和培養，沒有好好的在孩子早期智力開發方面投入熱情和精力，沒能幫孩子打下堅實的基礎，而荒廢了孩子的一生。

正所謂沒有不稱職的孩子，只有不稱職的家長！

02 善於開發孩子的天賦與潛能

　　俗話說得好：「天生我才必有用。」但是怎樣「用」呢？尤其是如何開發孩子的智力呢？

（1）刺激大腦＝開發天賦

　　每個人天生擁有龐大的基本神經系統，如果沒有去適當的刺激，人的天賦潛能就得不到觸發，從生物學角度講，缺乏「激素」的神經細胞化學生成反應，大腦自己再聰明，也無可奈何，而無用武之地。

　　其實，只要「技巧地」刺激孩子大腦，讓孩子有效思考，把大腦內部許多不同部位的功能一起使用，來儲存記憶和重獲資訊，就可以使孩子打下成為天才的基礎。這裡提到的所謂「技巧

地」，也就是教育，更具體的涵義就是孩子有效的學習方法。

（2）培養興趣+熱情=發輝天賦

天賦——每個孩子都具備天才大腦的潛能，尤其在兒童期天真的想像和創造力，幾乎是每一個兒童的天性。成爲天才最大的奧秘在於被隱藏起來的兒童創造力和那不受限制的想像力應該跟隨著他學習的熱情和興趣而越來越旺。許多天才的傳記中特別顯露出這樣的事實。很多天才人物在學校的成績並不好，有些天才甚至在兒童時期被譏笑爲呆瓜，但他們都有一種出色的特質，就是熱衷於他喜愛的某種領域的知識，甚至達到入迷的程度。

（3）細心觀察+留意栽培=開發潛能

美國哈佛大學卡德納教授告訴我們，每個孩子都擁有天賦潛能，只要父母細心觀察、悉心培育，必定能發掘孩子的才華潛能。但父母們首先要知道有天賦潛能的孩子平時應該有什麼樣的特殊表現，若父母發現自己的孩子有特殊的表現，就是孩子具備

了特別的天賦潛能，這時父母就更應留意栽培了。

例如，孩子語言天賦強的表現是孩子當聽到有趣的事或故事時能很快記住並能說出來，在背誦詩歌和有韻律的詞句時很出色，能糾正父母常用語詞中的偶然錯誤；有音樂天資的孩子對各種音響情有獨鍾，稍大一些就能辨別熟悉的樂曲和樂器，在唱歌時音階很準，音色甜美無假聲；有邏輯數學天賦的孩子喜歡並善於劃分人、事、物的種類，對抽象的東西別有情趣，愛問一些玄妙的問題，對有關數字的問題常能

舉一反三、觸類旁通……

　　除了上述的，天才孩子在很多方面都有特殊表現，父母一定要留心觀察，並且要多了解一些有關潛能方面的知識，懂得孩子到底有多少種天賦潛能，這樣父母才能做到「有備無患」、「對症下藥」。可是，就目前的情況來看，因為無知，很多父母都在孩子最初的童年，忽視了孩子的特殊表現，堵塞了孩子的天賦潛能，不適當的教育方法，使孩子腦中那個「天才」沈睡終生，甚至導致孩子的前途黯淡無光。所以，現在最要緊的是父母要懂得怎樣才能善用孩子的天賦潛能，並將其轉化為孩子個人的卓越能力。

03 兒童期是
開發潛能的契機

　　正如前面所講到的，父母要明確的體認到：孩子在0～12歲

這個年齡層的學習教育和培育的成功與否，是激發腦力活動並使

孩子轉化成為「天才」腦力的關鍵期，也是開發孩子潛能的寶貴

機會。

（1）孩子在兒童期具有極強的可塑性

　　這個年齡層的孩子無限容量的大腦內，尚無過多「垃圾」，

可塑性極強，而孩子一過12歲，進入了前青春期，孩子的性格

逐漸定型，自主意識增強，情緒因素漸濃，僵化教育的束縛等等

干擾和心理紛擾，都將導致天賦潛能遭受莫大壓抑，使得智力緊

縮，發揮有限。0～12歲這個階段未能將天分潛能有效開發，並引導大腦潛力用於學習中，那麼孩子以後的學習發展將受到侷限。

（2）兒童期的孩子需要外部力量開發其潛能

除了孩子的天生資質外，更重要的是，必須有些外部力量讓天才兒童的潛力顯現，因為，即使孩子在兒童期具有天才稟賦，如果不憑藉其他的因素和外部條件，也無法實現他們的潛力。例如，一個孩子的天資雖然非常的聰慧，但卻從來不進圖書館或博物館，光憑他的天賦和空想，他的智慧又如何得到很好的發展呢？相反的，一個學業成績表現平平的孩子，如果他主動走進圖書館博覽群書，然後再參觀眾多的博物館，那麼他的智慧將得到很好的開發。

（3）讓孩子懂得自己才是動力的真正泉源

兒童期的孩子因為年齡的關係，自主性和控制力還不是很

強，對父母的依賴很多，所以，父母要透過講道理、講故事的方式告訴他們：想成為一個天才孩子，首先不斷付出努力的人，不應該是父母，而應該是孩子自己，應該讓他領悟和掌握自我學習的能力，父母要協助孩子讓他有追求卓越的內在動機。例如，父母可以給孩子講一些成功天才小的時候是如何自我努力、追求上進的，目的是告訴孩子開發天賦潛能的主要動力在於他自己，而不是僅僅靠父母的教誨。因為許許多多成功的天才兒童，都清楚地展現了這個重點。

04 智慧——
天賦和潛能的外在表現

前面所談到的天賦潛能是隱藏在每個孩子頭腦和心靈內蓄勢待發的能力，除非它表現在孩子的行為上，否則父母很難洞悉它。如同一個人的想法，不說出來，不做出來、我們就無從得知他在想什麼。但是只要他說出來、做出來，我們就能評量他的內容、深度和偏向等。一個孩子的天賦潛能通常能從他的外在認知、行為和思維等方面的表現做出分析評量，來推測他潛在能力的量是多少。

（1）智慧是潛能的外在表現

智慧是指人們抽象思考、推理、學習以及適應環境和解決問題的能力。若將天賦潛能比喻為一座金礦山，智慧就是被挖掘

篩選出來的有用礦石，然後智慧要經過爐化提煉的技巧和過程，才能達到金礦的最高價值。這些技巧和過程也可以說是潛能顯現的必要條件。也就是說，父母和孩子必須主動地去尋找這座金礦山——孩子的潛能，找到金礦山後就要在父母和孩子的共同努力下，挖掘金礦中的金子——潛能，最終提煉出孩子的智慧取向，當把所有的金子都發掘出來並提煉成多種智慧時，孩子就成為天才了。

（2）讓潛能轉化為智慧的技巧

想要把躍躍欲動的潛能利用好，必須依靠智慧的「執行能力」。首先我們必須將智慧當作一種潛能。先不要介意您的孩子是否天資聰明，只要孩子正常、健康，依據孩子自己持有的智慧特性，還有他的興趣與喜好，使他懂得如何學習，這就是提煉潛能化為智慧的最好技巧。

其次，孩子對外界感知和內在思考刺激越多或越強烈，他

的大腦就越活躍，功能發揮的也就越多，也就會變得更聰明。而最有效的影響力量和時間是在孩子的兒童期，這種影響可以使孩子的天賦潛能發生重要的轉變和飛躍，進而轉化為外在的智慧力量。例如，最近很多人都談論到一個現象：這一代的兒童看起來比他父母小學年代的兒童聰明許多，這的確是事實，這與今天學校教育的改變息息相關，也與孩子受更進步、更豐富的社會文化，更刺激的科技商品的激化有關。

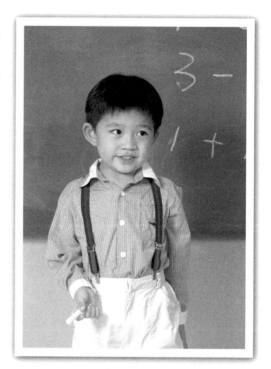

（3）潛能差異導致的智慧差異

　　每個人都是唯一的，有著不可更改的個別性，這一點不僅僅表現在身體、相貌方面，也表現在心理特徵、情緒和天賦潛能方面。天賦在每個孩子身上都不盡相同，可以有成千上萬種類型：有的具有非凡的繪圖能力、極快反應速度，有的具有快速數學運算能力、牢固的記憶力或卓越的文學才能等。因此，每個孩子所表現出來的能力取向和表現方式──智慧，是截然不同的。

　　教育的任務就在於盡早發掘這些天賦，及孩子天賦的取向和智慧發展的類型，再用適當的方法來培養這些天賦。至於使用什麼樣的教育方法，父母必須先清楚孩子智慧的特質和孩子智慧類型的取向。

05 審愼看待智力測驗

　　什麼是智力測驗？現在有不少家庭有過這樣的經歷，在孩子適學年齡到來之前，父母們讓孩子花一個多小時來應試，讓孩子面對主考官問的許多問題，用說或寫的方式加以回答，以測驗孩子的知識水準、辭彙量、數學能力、記憶一組數字的能力或比較多種圖像事物相類似的能力，或走出迷宮、看圖說故事的反應能力等等。然後，主考官根據孩子的回答評定出成績，得出一個分數，這就是孩子的智商（IQ）。

　　不要小看這個分數，這個分數很可能對孩子未來有很大影響，這種影響完全不是因為孩子本身的問題，而是出自對孩子給予關注的大人身上！

（1）智力測驗的誤解

通常人們總習慣用智力測驗成績的高低來判定兒童的聰明才智的優異程度，如智商125～139為優秀生，140以上被認定為天才兒童。而且智商成績很有可能會決定老師和父母對孩子的看法，有的孩子因此被編入資優班，智力測驗分數平平的孩子開始任其自然發展，不能獲取智商高的孩子所享受的積極鼓勵或某些特殊待遇。許多父母和老師都過度重視這個數字，其實智力測驗成績只能測試孩子處理學校功課的能力，而不能預測他未來的生活和事業是否成功，更不能夠顯示出孩子長大後是否有足夠能力擔當大任。

（2）莫讓智力測驗耽誤孩子的發展

我們不否認行之多年的試題有著一定的效果，但幾乎目前所有的測驗都是針對語言和邏輯能力而設計，在別的方面有才能和特殊表現的孩子如果作答時表現不佳，他就會被認為是一個較差

的學生。每個人都擁有處理數種不同內容的潛能，每個人都會有

屬於他自己所偏重的潛能，所以每個孩子都有各種不同的智慧，

應分別以適當的方式加以引導，父母要學會「因材施教」。

（3）智力測驗成績不能代表孩子的潛能高低

事實上智力測驗無法測出創造力、想像力、直覺力、內省能

力、人際關係能力和擴散性思維能力等等孩子的潛在能力，智力

測驗僅僅是偏重於建立知識的能力而已，完全不能測試出解決問

題的能力和潛能的發展方向。

　　而且在當今時代，人們開始信服想像力與創造力的重要性。因為許多偉大的創作和發明，都與幻想、直覺力、靈感、豐富的想像有關，這一部分的潛能和能力都不在IQ測量內。換句話說，智商高的人，不一定就有創造力，而有創造力的人不一定智商高。

　　所以說傳統智力測驗實在是不足以評量出孩子在未來學習發展中的能力，諸如學習外語、繪畫創作、設計電腦程式的能力，也評量不出孩子對物理、生物、自然科學、藝術等的興趣程度。因此，父母們要知道透過智力測驗得出的結論也僅僅是做為參考的作用。

第四課
克服影響孩子天才潛能發展的因素

父母的心態直接影響著他們對孩子的態度。有的父母對孩子缺乏耐心，急躁，看見孩子做錯事，不是耐心地講道理，而是大發脾氣，不是打就是罵。有的父母情緒不穩定，對待孩子的態度隨自己的情緒變化而變化，自己心情高興時，即使孩子做了錯事，也一笑置之。情緒不好時，即使孩子很好，也會衝著孩子發脾氣。這樣會使孩子對父母的態度難以捉摸，對事情的對錯與否難以形成正確的判斷。

 **克服影響孩子智力發展的傳統因素**

　　為什麼有的孩子聰明過人被稱為神童，有的孩子智力平平，而有少數卻是「低能」呢？這是因為智力發育受到很多因素的制約，從傳統意義上來講父母需要克服的因素主要有兩大方面：

（1）先天性因素

　　先天性因素中包括孕期胎兒受到不良影響和孩子罹患遺傳性疾病兩方面。

　　遺傳性疾病如先天愚型、苯丙酮尿症、半乳糖血症、性染色體畸形所致的智力障礙及維生素B6依賴症等都會使孩子呆傻。

　　因胎兒期受到不良因素的影響導致孩子智力差的原因有：孕婦營養不良，胎兒腦部發育遲緩；孕婦罹患甲狀腺功能低下，

影響孩子智力；孕婦經常酗酒、抽菸使孩子腦部發育受損等。此外，懷孕期間如果孕婦服用了某些藥物、罹患過瘋疹等疾病、接觸過有毒有害氣體及放射線照射、常處於過度焦慮及憂傷狀態都對胎兒有不良影響，另外，精子質量因父親酗酒或接觸有害物後進行房事等，都會導致孩子智力發育受到不良影響。

(2) 後天性因素

首先，疾病是傷害孩子智力發展最大的敵人。這些疾病包括：產傷所致的新生兒顱內出血；出生時缺氧窒息、低血糖、高膽紅素血症均可嚴重損害腦部發育和功能；出生後神經系統的損傷和感染，如腦炎、腦膜炎、腦外傷後有時會使腦部功能受到損害，對智慧的影響較大。

新生兒一旦出現了智力低下，治療起來就很難了，所以，應將重點放在預防上，孕婦應定期做產前檢查，防止及積極治療妊娠併發症，有遺傳病家族史的要在醫生指導下決定是否懷孕、何

時懷孕等等，在此不打算細說。關鍵是，當孩子已經降臨人世，就要積極想辦法補救，使智力已經出現低下情況的孩子不繼續發展或有所緩解。

當出現下列疾病時，只要處理即時，就可以防止孩子智力低下。例如，罹患苯丙酮尿症的孩子，在新生兒期就要開始吃低苯丙酸飲食，可以使孩子智力不受損。此外，甲狀腺功能低下的孩子、罹患半乳糖血症的孩子，在早期被發現並採取措施都能收到較滿意的效果。由於核黃疸是引起新生兒智力低下的一個重要原因，所以對黃疸兒（非生理性的）應早期給予治療。

其次，環境是制約孩子智力發展的「軟因素」。「軟因素」是可以透過父母的努力即時並且完全克服的。良好的生活環境、教養條件是促進智力發育的重要因素。在發展中國家，除了疾病因素外，智慧遲緩的發病率較高，主要與父母文化程度低，不知如何教育孩子有關。智慧一般的兒童透過良好的教育，可以

充分發揮他們的潛在智慧，做一番事業。相反，小時候智商很高的孩子，如果不進一步培養、教育、引導，將來很可能智商一般。此外，有些疾病雖不影響腦部發育，但是因爲孩子不活潑、不惹人喜歡或愛臥床睡覺而減少了接受良好教育的機會，進而降低了他們的認知能力。

02 克服影響孩子智力開發的生活因素

幾年來，醫學家和心理學家的大量調查事實顯示，除了人們都知道的，如遺傳、疾病和環境條件外，影響兒童智力的生活因素也有很多，這些因素是在生活中可以完全克服的，俗話說：「知己知彼，百戰不殆。」父母熟知這些因素後，才可以對症下藥，解除生活因素對孩子的智力困擾。

（1）睡眠不足

睡眠是讓大腦休息的最主要的方法，孩子因學業負擔過重或貪玩而熬夜，導致睡眠不足，會使腦神經細胞的興奮和抑制平衡遭到破壞，大腦的發育和正常功能的發揮受到影響，對孩子的智力發展極為不利。

（2）忽視早餐

據專家研究，孩子整個上午體力和腦力的消耗能否得到補充，與早餐的質與量有很大的關係：吃高蛋白早餐的孩子，在課堂上思維較活躍，注意力集中時間較長，而吃素食早餐或者不吃早餐的孩子，思維活動明顯不如前者。長期不吃或吃不好早餐的孩子，會嚴重影響大腦的能量供應，進而導致孩子的智力下降和思維遲鈍。

（3）忽視運動

運動可以促進血液循環和新陳代謝，反之，運動不足，則大腦供血欠佳，腦細胞和智力的發展會受到影響。所以嬰幼兒時期的孩子在父母的看護下應該做一些能力所及的鍛鍊，比如：翻滾、爬、走路、小跑；兒童期的孩子，父母可以帶著去玩一些適合孩子的運動器材和游泳等等。

（4）營養不均衡

隨著孩子的發育和成長，他的活動量也會有所增加，於是對體力和腦力的消耗也就大大增加，因此即時補充營養是必須的，因為大腦的發育需要足夠的營養補充。很多孩子就是因為營養不足或者營養失衡，使其智慧的發展受到很大限制。營養不均衡的另一方面表現是營養不足。孩子的智力活動多，大腦經常處於緊張的工作狀態，必須有足夠的營養物質來保持。而目前有些中小學生由於偏食或學校營養午餐飲食單調，沒有攝入足夠的營養，長此以往，會導致某些營養素的缺乏而出現營養不足，進而影響智力的發展。

　　另外，兒童正處在快速生長發育期間，如果選食不當，會對大腦造成危害。如有些孩子嗜吃油條、煎餅等含添加劑較多的食品，會造成記憶力下降，嚴重者導致癡呆；習慣吃過鹹食物（兒童每天不宜超過 4 公克鹽）會引起高血壓、動脈硬化等疾病，還會損傷動脈血管，影響腦組織血液供應，使腦細胞長期處於缺

血、缺氧狀態中而使智力下降；經常吃油溫在200度以上的煎炸食品，以及長時間曝曬於陽光下的食品和過量攝取味精，均會影響智力發育；不少孩子特別愛吃甜食，如果吃甜食過量，其大腦發育就變得遲緩。

（5）吸二手菸

科學研究發現，兒童對香菸的煙霧特別敏感。因為他們的大腦和肝臟還沒有解毒能力，香菸中的尼古丁如長期存留兒童的體內，就會使他們產生噁心的感覺，這種感覺和食物聯繫起來，造成兒童厭食。因此，兒童一定要避免吸二手菸，抽菸的人更不能對著孩子噴煙霧。

03 讓家庭的良好氛圍
促進孩子個性發展

兒童的家庭生活方式同樣包括物質生活和精神生活兩方面，前者主要是指家庭成員的衣、食、住、行，後者主要是指家庭成員之間的娛樂、交往和學習活動。2000年在中國上海市所做的「兒童個性發展與家庭生活方式之間是否存在影響」的問卷調查結果顯示：家庭生活方式對孩子創造意識的萌發有著潛移默化的作用。

（1）從獨自睡覺培養孩子的自立性

睡覺方式在某種程度上反映了家庭的休息方式。在中國，很多父母都不放心讓孩子自己睡覺，其實從很小的時候就讓孩子自己睡，他會很快習慣這種睡覺方式。家長讓孩子獨自睡覺，有助

於孩子獨立性的培養和創造力的發展。

（2）從購物方式訓練孩子的主動性

父母如果經常帶孩子到超市去購物，可以逐漸訓練孩子的主動性。因為在超市這種環境中購物，孩子比較自由、輕鬆，主動性、積極性容易得到家長的認可，幼兒可以挑選自己喜歡的東西，提籃、推車，忙得不亦樂乎，獨立探索能力就自然而然地得到了訓練。

（3）從飲食方面增強孩子的自制力

家庭的飲食方式日益多樣化，以前放學後大部分時間孩子只能回家吃飯，但是現在大量速食店的出現贏得了孩子們的喜愛。「炸雞」、「漢堡」、「薯條」都是孩子們十分喜愛的食物，但吃多油炸食品對孩子的健康不利，家長在滿足孩子吃的生理需要的基礎上適當控制去速食店的次數，有助於增強幼兒的自制力和堅持性。

（4）從戶外的娛樂培養孩子的創造能力

帶孩子去公園遊玩，是家庭最普通的一種娛樂形式。孩子天性好玩，他們在玩中學，在玩中成長。家長每隔1～2周，帶孩子去逛一下公園，能夠放鬆孩子的神經，使孩子得到積極的休息，進而爲創造性的發展做好心理上的準備。

（5）以逛書店的方式引發孩子的學習興趣

學習活動不僅發生在家庭內部，而且也出現在圖書館、書店等社會場所。家長經常帶孩子去書店，能夠引發幼兒的學習興趣，拓展幼兒的知識面，使知識技能和創造能力這對「孿生姐妹」能相互促進共同提高。

（6）以體力勞動訓練孩子的操作能力

孩子是家庭的一員，在進行自我服務的基礎上，他們還應該參加簡單的家事勞動。統計結果顯示：「清理蔬菜」對幼兒創造性發展的影響略優於「端菜」，這是因爲「清理蔬菜」的工作要

比「端菜」複雜一點，幼兒付出的體力和腦力多一點，因此得到的創造刺激也就多一些；「洗菜」更有利於幼兒創造性的發展，這可能是由於洗菜時幼兒有更多的機會接觸水，在邊玩邊工作中訓練了孩子的操作能力。

家庭生活方式本身也是一種教育方式，在家庭生活中父母不容忽視建構科學生活方式的重要性。家庭生活是孩子必須參與的生活，希望父母的努力可以讓孩子在家庭生活中學到更多的東西。

04 培養孩子良好學習觀 的五個習慣

有位哲人說：「播種行為，收穫習慣；播種習慣，收穫性格；播種性格，收穫命運。」確實，養成良好的習慣是孩子獨立於社會的基礎，並進而影響他一生的成功和幸福。好的習慣是孩子走向成功的鑰匙，而壞的習慣是通向失敗的敞開的門。

讓孩子擁有良好的學習習慣，徹底改掉學習中的陳規陋習，其重要性並不亞於有一個好的學業成績，其實良好的學習習慣會促進孩子的智力發展，最終使孩子取得一個優異的成績。

（1）專心的習慣

從心理學的角度看，小學低年級的孩子注意力還很不穩定，特別容易受到干擾，一不小心就養成了不專心的毛病，所以要盡

量減少學習環境中存在的其他誘惑，比如桌子上不要擺玩具，文具要功能簡單的類型，因爲「多功能」會讓孩子把文具當玩具，學習的時候會玩起來分散注意力。

對小孩子來說，專心學習是指能做到一口氣專心學習20分鐘，再休息5分鐘，如此循環。尚未養成專心學習習慣的孩子，學習的時候最好能面對鬧鐘，背對父母，但在父母的視線之內。孩子感覺到父母在靜悄悄地關注自己學習，會減輕腦筋「開小差」的次數，有利於促進孩子專心。或者父母也可以坐在一旁專心閱讀一本自己的書，給孩子做榜樣。要求孩子專心的時間，可視孩子的適應情況逐漸延長，直到孩子習慣於一口氣專心學習20分鐘，大人就可以逐漸「撤退」了。

（2）預習的習慣

在每學新的一課之前，父母都要督促孩子做好預習準備，先把老師明天要講的內容大概看一遍，挑出不懂的問題記在筆記

本上，自己思考後如果還不明白，就帶著這些問題去聽老師的講課，這樣孩子的學習效率就會大大提高，在課堂上解決自己所有不會的問題。

（3）打草稿的習慣

有的孩子因為作業要交所以寫的很整齊，而做題時的草稿卻寫得隨心所欲、亂七八糟，這樣的草稿看似自在，卻不利於提高效率。打草稿的目的，不僅在於計算得到數字，還要用來查錯。很少有學生一遍就算對所有的題目，中間環節出點錯是常有的事，如果各題的草稿散佈在草稿紙的上下左右，查起來既費時又費力，效率自然低下了。久而久之，孩子還會養成顛三倒四、做事無條理的壞習慣。

（4）建立「錯漏本」的習慣

孩子的特點是注意力轉移快，表現為「忘性大」。做錯的題目，下次考試有可能還會錯，這時各科都準備一本「錯漏本」，

把每次的錯題都隨手記在這個本上，以便即時解決自己的絆腳石。

（5）提高寫字速度的習慣

寫字速度慢，會吃大虧。首當其衝的損失是考試時經常還有一大堆的題目沒有做完，等到上了中學、大學，則會出現課堂筆記記不全、聽課與記筆記不能協調等現象，所以從小學起孩子就該訓練寫字速度，做到「快、對、清」，以免影響到孩子將來的前途。

良好的習慣是孩子進步的階梯。孩子年齡小，習慣的培養更為重要。從小打什麼樣的「底」，長大就是什麼習慣，這些習慣會伴隨孩子終身，所以，良好的學習習慣要從小時候培養起。

05 克服阻礙孩子
心理健康發展的因素

俗話說：「言傳身教，身教重於言教。」父母的言行舉止無時無刻不在影響著孩子，身為父母，當孩子染上不良習性、學業成績不好時，往往會對孩子大聲呵斥，但我們能否捫心自問一下？孩子出現的這些問題的真正原因在哪裡？其實，父母的心理健康狀況對孩子的人格健康發展有很大的影響。

（1）勿將父母的不良情緒轉移給孩子

父母可能把自己的心理情緒轉移給孩子，研究顯示，一個月的嬰兒也能自動感覺到母親的緊張狀態，如果母親感到焦慮，嬰兒也會感到焦慮；如果母親感到安寧，嬰兒也會感到安寧。父母情緒不穩定，孩子情緒也可能會不穩定。一位母親常常有恐懼、

不安全感，膽小怕事，每天晚上總是把窗戶、門關好之後又小心翼翼的檢查，這種恐懼和不安全感也會轉移給孩子，使孩子處於一種恐懼、不安全的氣氛中，常常體驗到恐懼和不安全。如果父母不良的心理情緒經常轉移給孩子，漸漸地孩子也產生了遇事易緊張、衝動或者害怕等心理情緒，進而阻礙孩子的健康成長。

（2）勿將父母的強硬態度強壓給孩子

父母的心態直接影響著他們對孩子的態度。有的父母對孩子缺乏耐心，急躁，看見孩子做錯事，不是耐心地講道理，而是大發脾氣，不是打就是罵。有的父母情緒不穩定，對待孩子的態度隨自己的情緒變化而變化，自己心情高興時，即使孩子做了錯事，也一笑置之。情緒不好時，即使孩子很好，也會衝著孩子發脾氣。這樣會使孩子對父母的態度難以捉摸，對事情的對錯與否難以形成正確的判斷。所以父母對待孩子要有耐心，要溫和，要實事求是地對待孩子的行為，不能根據自己的心情好壞來判斷孩

子行為的對錯。

（3）勿將父母的不良舉止傳染給孩子

孩子出生後，大多都會在父母的養育下逐漸成長，所以在有意或無意中每天都在模仿和學習父母的行為，他們可能學到了父母好的方面，也可能學到父母不好的方面。父母與人相處的方式，對待事物的態度和解決問題的方法，父母的愛好和興趣，習慣方式與動作，甚至走路的姿態和說話的語調等等，都能成為孩

子日常的行爲模式。一位小學生的父親向心理醫生訴苦，說孩子老是在外面打架惹事，他說，孩子從小做錯事，在外面打架，回家都要挨揍。可是越揍他卻在外面打的越厲害。心理醫生告訴這位父親，孩子的行爲正是從小向父親學來的，是父親在無形中教他解決人際問題的方法是靠「打」。又比如，孩子看到父母對其他人總是很有禮貌，他會用父母的這種行爲做爲自己學習的榜樣；並以此標準來要求自己。相反的，如果孩子看到父母經常說髒話或罵人，他也不會爲說髒話和罵人感到羞恥。看到父母經常把公司的東西拿回家，他也不會認爲這是錯誤的行爲。

第五課

多元智慧的開發是孩子
成爲天才的要素

每個孩子天生下來的臉孔不一樣，也沒有一個孩子有

與別人相同的指紋一樣，任何一個孩子處理一種事物

的方式和方法也不會相同，但是孩子大腦內處理問題

的規律是有跡可循的，因爲大腦的機制具有可塑性，

適應性也相當強，只要在適當的時機，加以恰當的干

預和刺激，就能使孩子擴展不同領域的能力，激發尚

未運用的潛能。

01 每個孩子都有
多元智慧性

　　孩子都擁有綜合的智慧，從幼兒的學習開始，孩子就一直

持續發展著綜合的智慧，只不過父母們都沒有注意，也不明白孩

子的哪一種特質較出色，哪一種智慧較優異。傳統的觀點認爲只

有孩子學業成績好，他的智慧才高，其實那只看到了孩子的若干

方面智慧——邏輯數學智慧或語言智慧。在多元智慧時代到來之

前，大部分的父母對孩子的特長能力如果不刻意去瞭解，就無法

發揮孩子所長，展露孩子的多元才能。

（1）孩子的智慧表現形式各不相同

　　每個孩子的天賦資質、智慧表現形式都千差萬別，有音樂

天賦的孩子，不可能由數學、國語或人際關係之間的技巧能力來

推斷。每個孩子的心靈都擁有多種不同內容的潛能，但是每個孩子又都有個性所偏重的潛能部分，所以孩子處理一種事物的能力強，不一定預示著他處理另外一種事物的能力會一樣好。能言善道的孩子不一定文章寫得好，棋奕神童不一定機械原理會學得比其他孩子高超，心算神童不一定國語能力強。

所以，就像每個孩子天生下來的臉孔不一樣，也沒有一個孩子有與別人相同的指紋一樣，任何一個孩子處理一種事物的方式和方法也不會相同，但是孩子大腦內處理問題的規律是有跡可循的，因為大腦的機制具有可塑性，適應性也相當強，只要在適當的時機，加以恰當的干預和刺激，就能使孩子擴展不同領域的能力，激發尚未運用的潛能。

（2）多元智慧的新教育觀

多元智慧的新教育觀主要認為孩子擁有許多不同類型的智慧，在孩子的大腦內永遠沒有唯一的完全充分的智慧。而

且，真正的智慧，不論頭腦內裝的是什麼，必然涉及與周圍環境產生互動關聯，最終產生最能適應環境的各種不同的處理能力。這些處理能力的方式，每個孩子都不太相同。

孩子年齡越小，父母就越看不出也察覺不到孩子的天賦潛能偏向哪一個方面，因為越小的孩子越沒定性，看起來似乎他們對各個方面都感興趣。多元智慧的新教育觀就是要把模糊的綜合智慧抽離出來，讓父母熟知、體會智慧的不同形式，進而教孩子怎

樣善用它，透過學習要領，逐步提升多元智慧力，打造未來成為天才的基本要素。

多元智慧的新教育被探究的越多，不同智力類型論越站得住腳，多元智慧的新教育觀影響的程度就越深遠，尤其在兒童教育上打破了傳統教育的規範理念，他們倡導的革新教育觀，已經在世界各國引起強烈迴響。多元智慧論給父母們詮釋了存在於孩子大腦內的多元智慧，讓父母能夠更進一步知道孩子的特長，激發孩子的天賦潛能。

02 評量智慧——
找出孩子的長處和特性

　　智慧絕非是單一性的，僅憑期中或期末那一個小時的國語、英語或數學的測驗所得的分數，就以此來斷定孩子的智力高下、等級是不科學的。

（1）客觀看待學校的考試成績

　　很多父母評價孩子聰不聰明，都喜歡依據孩子在學校的考試成績來斷定，比如國語考得好，數學考得一般，就斷定孩子在數學方面沒有天賦，所以沒學好。這樣的想法是不正確的。學校的測驗目的只是想了解孩子在不同階段所學知識的掌握程度，它只能做為測量潛能的參考，的確有的孩子如果小學時數學天賦很強，他可以很快把小學甚至國中的數學在很短的時間內學完，去

參加國中的考試都會取得高分，但是這並不能代表我們可以完全用考試成績這一項指標來評定孩子都具有哪方面的潛能，也就是說，考試成績只是一個參考而不能做爲標示能力高低的標準。因爲每個孩子在心智上都有各自的智慧類型，差異也很大，而且在認知的風格上、學習的興趣取向上，也有顯著不同。例如最常見的，喜歡文學，大多數就不喜歡數學，數學能力佳，大多數就不善於背誦歷史、地理。所以，孩子不喜歡哪一科，哪一科的成績就平平，但是這並不代表他在這方面沒潛能，而是這方面的潛能由於種種原因被埋沒了。

（2）正確看待評量智慧的測驗

天賦存在於每個孩子身上，每個孩子都有他擅長的部分，如果能夠從孩子擅長的長處去發揮，去學習各種知識和技術，則學習效率和成果將會更好。如果孩子能把自己的長處轉化爲一種他自己總結出來的學習技巧的話，那麼對於其他領域相關性知識

和學習內容孩子也會很快接受，並且很快學會。很多天才，博通各門學問，原因就在於此，而不是他學什麼，馬上什麼都會。所以，首先在兒童時期，盡早辨識出孩子的長項和弱項，以便對「天分」截長補短，這是相當重要的。

因此，評量智慧最重要的是，測量設計應以測出孩子的智慧類型差異為標準，應評量出孩子擅長運用哪一種智慧，最不擅長的是哪一種智慧，及他的興趣所在，當透過這樣的智慧評量後，父母就瞭解了孩子的情況，可以幫助孩子發揮所長，取巧補拙，鼓勵孩子做出最佳表現。但是到目前為止的測驗都被用來指出弱點，而非在發覺長處！

03 評量多元智慧的 最佳方式

評量多元智慧的最佳方式包含兩種評量模式：一種是特定環境裡的「情境化」評量模式，另一種是「師徒制」評量模式。這兩種評量模式可以用來找出孩子的特性和長處。

（1）「情境化」評量模式

主要是根據客觀化的題材或器材，廣泛用在同年齡層的學生群體上的評量方式。例如配備八種智慧測量的題材，反應的器材或遊戲器具，可分組同時進行，但是測量前要先對孩子平常生活或學校行為進行觀察，整理孩子平常的興趣、喜好等資料，提出相關的問題讓孩子作答，在自然、舒適、遊玩的情境下，評量他們，而分析出他們的智慧狀態。

例如，評量創造力潛能時，針對一個問題，讓孩子想出多種解答，或者針對一項刺激性事物，鼓勵孩子盡可能產生各種「不尋常」的聯想，從聯想的性質和心理可判斷出孩子的想像力和創造力的潛能。類似的創造力測量方式，可信度高，又確實能評量出心理智力以外的能力，只是無法測出孩子會在哪些領域具有創造力。

　　情境化測量模式的優點是，只需要稍微改變題材、測驗環境、解說方式，就可以相當程度的改善測量成績，也可以隨機改變爲學生熟悉的題材，這樣就不會出現接受測驗的孩子因爲不熟悉那一種固定考題而考出壞結果的現象。所以，專注於一個問題一個答案而測量孩子心智所具備的知識，可能會扭曲、誇大，或低估孩子的潛力。

（2）「師徒制」評量模式

　　是指孩子成長中自然發生的，他已明顯顯示出某方面的天

賦，針對其個人，融入技藝性的情境下，實施評量。例如一個兒

童，在平常就已經顯現出繪畫能力的天賦，就讓他參加繪圖創造

力方面的測驗評量，來獲知他繪畫方面的發展階段與方向。

　　師徒制評量模式目的在於辨別出各個孩子具有的不同智慧，

將各個孩子的差異性和差別程度，融入評量中，進一步瞭解孩子

在不同領域所具有的創造力及個人的特徵。

　　師徒制評量模式是一種創新的評量方式，強調環境對個人表

現的影響，所以需要提供最適當的評量環境，規劃的環境可以延伸到受評量的孩子的身體之外，也就是在孩子的思維之外尋找孩子的能力與技能，因為有些孩子可以在團體合作中成功完成他不具備的技能，例如在話劇團中，他會盡他所能，參加話劇團體的表演演出，還能為話劇故事製作背景、道具或服飾設計等等，這些能力的發揮只有在孩子身體之外的環境中才能體現。

傳統智力測驗中的試題往往僅有一個答案，若用來獲知一個孩子的智慧類型或天賦特質，那是不夠的。大部分測驗都無法測出孩子的強項所在，對兒童的學習發展並無裨益。

04 心智的架構
八種多元智慧

　　傳統智力觀認爲智慧只是一種單一的邏輯推理或國語能力（換言之，除了邏輯與國語能力之外，其他的能力都是沒有價值的），如此的智力觀點只能準確地印證學生在學業成績上的高低，但是卻難以解釋大部分學生畢業後的專業成就與傑出表現。

　　現在非常多的教育研究人士都質疑這種智力觀點的適當性，認爲智力必須與實際生活密切相關，而不是透過「將一個人放在一種非自然的學習環境中，讓他做從未做過，而且將來可能不會再做的事情」的方式來決定，基於這樣的想法，我們重新看看到底什麼才是眞正所謂的「智力」，它應該是在某一特定文化情境或社群中，所展現出的解決問題或製造生產的能力，而人類智慧至少有八種：

（1）語言智慧

語言智慧指能有效地運用口頭語言及文字表達自己的思想並理解他人，靈活掌握語音、語義、語法，具備用語言思維、用語言表達和欣賞語言深層內涵的能力。兒童的表現是喜歡聽故事、說故事，喜歡閱讀、討論及寫作等活動。

（2）音樂智慧

指人敏感地感知音調、旋律、節奏和音色的能力。兒童的表現為愛聽音樂，能正確演唱、彈奏，能創作簡單的兒歌抒發感情，主要也表現為對節奏、音調或旋律、音色的敏感性。

（3）邏輯智慧

指人能有效地運用數字、計算、推理、假設和思考的能力。兒童的表現是喜歡數字或科學類的課程，常常自己提出問題尋求答案，喜歡尋找事物的規律，對新的學科發展感興趣，喜歡發現別人言行舉止的邏輯性缺陷，喜歡下棋或玩思考性的玩具。

（4）空間智慧

是傾向於形象思維的智慧，具有準確感覺視覺空間，並且能把所感知到的形象表現出來的能力。兒童的空間智慧表現在可以說出清楚的視覺意向；喜歡看圖畫書、圖片，閱讀時從圖畫而不是文字中獲取更多資訊；喜歡玩積木等。

（5）運動智慧

是指一個人善於運用整個身體來表達自己的想法和感覺，以及運用雙手靈巧地去創造出或改造出一些事物。換句話說，也就是指運用整個身體或身體的一部分解決問題或製造產品的能力。孩子的身體運動智慧表現為活潑好動、動作靈活、協調、平衡能力很強、善於模仿他人的動作。

（6）交往智慧

在社會活動中，人們察覺並區分他人的情緒、意圖、動機和感覺，並能運用語言、動作、手勢、表情、眼神等方式與他人相

互交流資訊、溝通情感的能力，就是人際交往智慧。孩子人際交往能力表現為善於體察父母的喜怒及心情，懂得察言觀色，能識別他人的情緒變化，善於與他人合作等。

（7）內省智慧

是指認識自我和善於自我反省的能力，即一個人對自己的看法。內省智慧強的孩子有著良好的自我意識，常常表現出比較強的獨立意識，有強烈的自尊心，他們既不會妄自菲薄，也不會妄自尊大。知道自己能做哪些事情，不能做哪些事情，進而對自己有完整的客觀認識，有著較強的自律精神。

（8）觀察智慧

是指觀察自然界中的各種形態，對物體進行辨識和分類，能夠洞察自然或人造系統的能力。孩子的自然觀察智慧體現在對新鮮事物充滿好奇和探索的欲望，關注自然事物的變化，愛動腦筋，觀察力敏銳，喜歡大自然。

05 多元智慧時代下的天才特質

多元智慧教育觀的提倡者布桑教授曾經對數百名天才兒童的資料進行了研究總結，發現不論他們在哪個時代、來自哪個國家，在他們身上具有很多相似的特質，被稱爲「天才特質」，這些特質存在於每一個孩子身上，父母要注意觀察您的孩子，如果他們具有的「天才特質」越多，他們就離天才不遠了。

（1）有目的性

一個人只有在確定目標的前提條件下才能夠眞正的前進，天才孩子能夠對自身能力和周圍的環境有正確的認識，能夠制訂明確的目標，並且朝著目標努力。比方說孩子在玩積木或者畫畫時，天才孩子會非常認眞而努力的控制自己的動作，這說明他對自己的目標是很明確的，而且試圖努力把握尺度，以達到自己認

121

為滿意的效果。

（2）有信心

這一點往往在很多孩子身上都容易看到，但事實上，天才孩子的信心是建立在對他自身能力和既定目標的深刻瞭解的基礎上，有時甚至會顯得有些固執。

（3）有計畫

目標是一個相對需要很多精力、時間和步驟才能完成的事情。天才孩子會有條理地規劃，並且堅定而不急於求成，能井井有條地安排自己的進展。

（4）有毅力

其實生活和學習中要面臨的干擾是隨時隨地的，對孩子來講更是如此。天才孩子往往在未達到自己目的之前，不會被其他的誘惑或目標所干擾，會堅持做完自己手中的事。

（5）有想像力

雖然天才孩子的想法有些確實「異想天開」或「天馬行空」，但是這一點是孩子未來所能達到的最高成就的決定性因素。

（6）有創造力

天才孩子在做事的過程中不喜歡拘泥於事先確定好的同一套方法或同一條路徑，他們會不斷嘗試多種方法，並尋找出最簡單快捷的途徑來向目標推進。

（7）有面對挫折的勇氣

在向自己的目標努力嘗試和探索的過程中，難免會有失敗的經歷，甚至會有很多次，但是天才孩子往往表現出超常的勇氣，越挫越勇。

（8）善於向眾人學習

天才孩子非常喜歡觀察和瞭解別人做事的方法和經歷，而且勇於嘗試別人的方法，對於適合自己的方法能夠很快掌握，並舉

一反三，在解決新的問題時靈活運用。

（9）能從錯誤中學習

在面對失敗的時候，天才孩子會認真地思考和反思自己的行動過程，並且找出錯誤的原因，而不一味固執地重複錯誤，他們知道用錯誤的方法做事肯定不會得到正確的結果。

（10）不驕傲自滿

天才孩子會被自己一個又一個的目標所牽引，不斷努力，對於成功後的喜悅和周圍人的讚賞所帶來的自滿心情，總是會控制得很好或者是立刻被對下一個目標的嚮往所取代。

06 天才孩子與家庭教育

最近越來越多的事例表現出：父母因為孩子是神童而驕傲，但同時也發現因為自己的平庸越來越難以與孩子溝通。所以天才孩子的教育方法便成了很多父母關注的話題。

（1）賞識教育，拒絕縱容

兒童行為專家認為，天才兒童在某一領域有非常突出的天賦，與其特別強烈的個性有著千絲萬縷的關係。

有組織天才和領袖氣質的孩童常常表現為固執、不達目的不罷休，喜歡不由分說地修改小夥伴們的意見，要求跟著他的意圖走；具有音樂天賦的孩子經常表現出超乎尋常的靈敏和易感，甚至有一點點神經質和喜怒不定；具有繪畫天才的孩童則經常表現

出對物體顏色、線條及場景變換的超乎尋常的觀察力，有時，他會沉浸在想像中，專注到木訥的程度……

孩子的特殊潛能，與他「非常態」的個性，就像一枚硬幣的正反面，常常不可分割。所以父母與其「煩惱」於他的個性，不如嘗試去欣賞他，欣賞他在彈琴、繪畫、運動中所表現出的投入與沉醉，也要賞識他質疑權威的勇氣。但是，事情不要做得過度，賞識和縱容僅有一線之隔，質疑權威固然可喜，但小小年紀就打破了眼前所有的權威，變得唯我獨尊，事情

就變得很不妙。他往往難以靜下心來打好基礎，他的天分反而會害了他。

（2）父母要以平常心看待孩子的成長

「他太棒了，將來會不會不夠棒呢？」、「他到什麼時候才能夠功成名就呢？」如果你的孩子是天才，以上問題中的任何一個都足以讓你陷入焦慮。父母如何免於焦慮呢？

首先，分享孩子的點滴進步和挫折，不要急切地規劃他一、二十年後會怎麼樣。與孩子的相處中，父母應該有意識地保留童趣，可以有效地緩解孩子的心理壓力。

其次，不要讓孩子侷限於「孜孜培養天才」的氛圍裡，那樣的話誰都容易陷入焦慮，跟孩子談談他心目中的動畫英雄，或者他喜歡的寵物，可以使你們雙方都得到放鬆。

最後，放低期望值。往往期望越高，焦慮越甚。別把孩子的天賦背在身上成為包袱。適度降低期望，可以獲得更健康和諧、

更寬鬆的親子關係。如此，天才兒童才是一個獨立快樂的小孩，而不是父母用以滿足虛榮心的「工具」。

（3）客觀看待孩子的「壞情緒」

具有語言、繪畫、音樂天賦的孩子，往往比一般孩子更容易情緒化，這是其「藝術敏感性」的一部分。別太關注此事，對孩子瞬間爆發的壞情緒，冷處理可能是個好辦法。另外，用獎賞的方法有意識地讓天才兒童學會控制自己的壞情緒，比如，成功控制五次壞情緒，就可以得到一隻可愛的史努比小狗。這種方法對訓練孩子的自制力非常有效，別忘了天才兒童也是孩子。

第六課
這樣教出的孩子更富有天才潛能

爸爸和媽媽所處的社會性別角色不同，在孩子的教育上總是存在或大或小的差異，孩子雖小，對這種差異卻非常敏感。教育子女是夫妻共同的責任，母愛可以使人變得溫柔、體貼，而父愛可以使人變得剛強、堅毅。

01

媽媽的愛是
孩子成爲天才的必需品

　　每一個孩子都是在媽媽的愛中長大的，媽媽的愛是博大的，

媽媽的愛能締造人類的未來。媽媽從孕育了寶寶的那一刻起，就

與孩子有了千絲萬縷的連結。因而，孩子的情感成長、孩子的智

力發育都與媽媽有著密切的關係。

（1）母親理性的愛是孩子成材的催化劑

　　嬰幼兒早期依戀感的形成和發展，對今後建立良好的人際關

係和形成溫馨的家庭氛圍極爲重要。

　　兒童心理學家普遍認爲：依戀是個體生命早期的情感連結，

是嬰幼兒與父母及撫育者之間一種積極的、充滿深情的感情聯

繫，它能夠激發父母或撫養者更精心地照料孩子。它對兒童形成

最初的信賴，具有重要的影響。其中母嬰依戀的建立有助於形成嬰兒良好的個性。

　　嬰兒最喜歡和媽媽在一起，這使他感到莫大的舒適和愉快。在遇到陌生人和陌生環境而產生恐懼和焦慮時，媽媽的出現能使嬰兒感到安全，得到最大的撫慰；而當他們感到飢餓、寒冷、疲倦、厭煩或疼痛時，嬰兒首先會做的往往是尋找他的依戀對象——媽媽。

　　具有良好母嬰依戀情感的嬰兒，會經常歡笑而少哭鬧，情緒和情感發展積極、健康，個性開朗活潑，自信，勇敢，勇於探索，而且智力也能得到良好的發展。

（2）早期教育從母嬰交流開始

　　許多父母在孩子剛剛會說話時教孩子唱兒歌、背詩等，進行早期教育，以期早日開發智力。其實，這還不算早，在孩子處於嬰兒期，只知道吃和睡的時候就應該進行智力開發了。嬰兒期孩

子和媽媽接觸最多，這一重任自然落在媽媽身上。日本醫學博士高橋悅二郎對此進行了研究發現，正規的早期教育，應始於母嬰間的交流。

觸覺和視覺交流：媽媽經常撫摸、擁抱嬰兒所產生的肌膚接觸以及經常與孩子對視，能在嬰兒大腦中產生安全、甜蜜的資訊刺激，這會對其智力發育產生催化作用。在成長過程中缺乏這種交流的孩子會表情冷淡、發育遲緩、性格孤僻而難與同年齡兒童和睦相處。

嗅覺交流：嬰兒的嗅覺很靈敏，在試驗中，如果把浸過母奶的衣物靠近嬰兒，嬰兒會頓時止哭而做出尋奶的姿態。由於嬰兒能嗅出是不是媽媽，故日本學者高橋提出，嬰兒期由媽媽陪睡可產生良性刺激，有利於其智力發育。他指出，那種不停更換陪睡者的嬰兒，心理常處於緊張狀態，睡眠時間和品質均大幅度下降。這對其身心發育不利，嚴重者可導致嬰兒發育遲緩和幼兒期

心理障礙。

聽覺交流：多與嬰兒「對話」，可使大腦正處在急劇發育中的嬰兒，很快牙牙學語，為日後語言發展奠定良好的基礎。事實上，缺乏母嬰語言交流的嬰兒，發語均遲於有母嬰語言交流的同年齡兒童，且口齒不清，表情不活潑。

（3）母奶餵養嬰兒智商高

來自美國的一項研究顯示，在乳製品中適量加入兩種特殊的脂肪酸，能夠有效地促進嬰兒大腦發育，提高兒童智商。而這兩種特殊的脂肪酸在母奶中被發現，而在牛、羊等動物的乳汁中卻基本上找不到蹤影。

02 父親的行為教育
決定孩子的發展方向

在孩子的成長過程中，爸爸所扮演的角色不可缺少，亦不可替代。雖然，大多數爸爸與孩子待在一起的時間大約只佔媽媽與孩子相處時間的三分之一，但他們照料孩子的能力並不一定比媽媽差。研究顯示，爸爸在孩子多方面發展中的作用不可低估，主要表現在以下幾個方面。

（1）促進孩子感知覺的全面發展

媽媽和孩子遊戲時，總是輕聲細語地說話，逗引孩子觀察某件新鮮玩具，這可以發展孩子的視覺、聽覺的功能，也能為孩子以後語言智力的發展做良好準備。爸爸和孩子的遊戲大多屬於身體性的遊戲，比如爸爸喜歡把孩子拋上拋下，讓孩子四處摸索爬

行尋寶等，這樣的遊戲能有效地發展孩子的**觸覺**、**本體覺**、**運動覺**的功能，也爲孩子將來的操作智力的發展打下堅實基礎。

（2）促進孩子智力的飛速發展

孩子和媽媽在一起的時候，學到的是語言交往、物品使用等基本社會知識，但和爸爸在一起，孩子會在爸爸的引導下，透過各種操作性的、探索性的、變化多樣的遊戲學到更豐富的知識，刺激孩子的好奇心、想像力和創造力的發展，國外的研究發現，爸爸和孩子遊戲時間越多，孩子的智商越高，而且，爸爸對男孩智力發展的影響要比女孩大。

（3）促進孩子良好個性的形成

比起媽媽來說，爸爸有更爲堅毅、勇敢、獨立、自信、果斷、富於合作的個性特徵。爸爸和孩子遊戲時，經常鼓勵孩子嘗試新鮮的遊戲，鼓勵孩子勇於探索，獨立克服困難，積極進取。爸爸的個性特徵和遊戲精神，會讓孩子在有形無形中養成適應現

代社會要求的良好個性素質。如果孩子在嬰幼兒時期沒有得到爸爸的關愛，長大後往往缺少克服困難的勇氣，缺乏自信，道德發展方面也不理想。

（4）滿足孩子積極情感的體驗

爸爸和孩子進行的遊戲比媽媽和孩子之間的遊戲更富有刺激性和挑戰性，這讓孩子從中得到極大的興奮和快樂，這種積極和情緒體驗會讓孩子變得活潑、開朗，樂於和人交往，會讓孩子覺得爸爸的存在是一種安全的依託，也有助於孩子和爸爸之間建立起密不可分的感情交流。

爸爸和媽媽所處的社會性別角色不同，在孩子的教育上總是存在或大或小的差異，孩子雖小，對這種差異卻非常敏感。教育子女是夫妻共同的責任，母愛可以使人變得溫柔、體貼，而父愛可以使人變得剛強、堅毅。相信好父親的角色是任何人無法取代的。

03 父母要親自帶孩子

　　心理學家曾經用猴子做過實驗，一組猴子從小由猴媽媽撫養，另一組由可以提供食物的電動木偶「猴媽媽」陪伴，結果，前者長大後行動靈活、表情豐富、文靜；而後者行動莽撞、呆滯、敏感、膽小、易怒。這個實驗證明了感情交流對動物成長的影響，動物尚且如此，那麼人呢？

　　目前有不少家長都喜歡把小孩交給長輩或保母撫養，卻減少了和小孩接觸的時間，結果使孩子情緒和情感的健康發展受到影響。

（1）保母缺乏教育孩子的經驗

　　小明出生時一切正常，漂亮又可愛。小明的媽媽是個好強的工程師，整天忙於工作，把孩子丟給保母。如今孩子兩歲半了，

膽小、害羞，在幼稚園裡不敢和小朋友玩耍，一見到陌生人就躲在家人的後面，除了保母和媽媽外，別人都不要，情緒很不穩定，性格也很固執。

上面的例子在現代社會的不少家庭中都曾上演過，因為隨著生活節奏的加快，父母雙方工作都越來越忙，沒有充足的時間照顧孩子，就不得不請保母來照顧孩子。雖然保母的時間很充裕，但是大部分保母的教育程度較低，沒有足夠的教育經驗，也不大懂得什麼是孩子的精神生活，只會在日常瑣事上照顧孩子，比如給孩子洗衣服，帶孩子出去玩之類。這樣僅從物質生活上照料孩子，不利於孩子的智力發展。

（2）長輩對孩子保護過多

長輩就是指孩子的爺爺、奶奶或外公、外婆。有些家庭把孩子交給祖父母來管教；而有些家庭是三代同堂，祖孫三代住在同一個屋簷下，這樣，孩子也自然而然地由祖父母來照顧。通常，

長輩都是「隔代親」，就是更加疼愛自己的孫子、孫女或外孫、外孫女。因爲不忍心讓「小皇帝」們受罪受苦，就什麼事都幫孩子做了，逐漸養成了孩子懶惰的性格，不動手、不動腦，限制了孩子的智力發展。另外，祖父母對孫子的照顧是無微不至的，但祖父母的表情和語言比年輕人少，而且對孩子保護過度，限制了孩子的活動主動性。

（3）父母要即時與孩子進行溝通

爸爸媽媽照顧孩子的任務是沒有人可以替代的。孩子的情感需要與父母即時溝通，父母也可以利用自己不同的性別角色給予孩子不同的教育方式，比如，媽媽可以使孩子感覺敏銳、性格不急躁，爸爸可以使孩子興趣廣泛、性格剛毅和堅強。年輕的爸爸媽媽對孩子濃厚的愛以及他們廣泛涉獵知識的能力使得他們能夠潛心研究如何發掘孩子的天賦潛能，制訂一套培養孩子成為天才的方式和方法，然後耐心教育孩子。所以，爸爸媽媽們，再忙也不能把教育孩子的任務全部交給保母或長輩，請抽出些時間教育自己的孩子吧！否則孩子們將錯過成為天才的良機。

04 溺愛孩子
弊大於利

　　對孩子的溺愛可能說是很多父母的通病。他們無時無刻、無代價和無原則的愛使得孩子性格中有了不少影響他們健康成長和智力發展的缺點。父母的愛是孩子成長的雨露，可是當父母的愛成了「爲孩子包辦一切，絕不能讓孩子受一點罪和委屈，盡量滿足孩子提出的一切要求」的愛時，這種愛就會氾濫成災。

（1）溺愛會造成孩子自私的性格

　　孩子不懂事總喜歡把好吃的和好玩的東西佔爲己有，這時父母如果不加以教導，告訴他們「好東西應該和大家分享」，而只是一味地慣著孩子這種心態的話，會養成孩子自私的性格。長大了以自我爲中心，不會關心別人，只會一味地從別人那兒索取，

不會付出，也不會珍惜別人的付出，在社會上必然是會碰釘子
的。

（2）溺愛會培養出懦弱的孩子

不久前，一則報導，某大學一女生與男友在公司門口分手後
卻不知怎樣返校，大哭不止，引來眾人圍觀。這則真實的故事，
體現了教育的偏差。有的父母心疼孩子，千方百計不讓孩子遭受
一點挫折，不注意培養孩子克服困難的勇氣和能力，孩子長大後
沒有能力去適應社會，遇到困難和挫折自然地縮在父母背後，等
著父母去處理，沒有父母在身邊指點，什麼事情都不會處理。明
智的父母應該從小培養孩子克服困難的勇氣和能力，鼓勵他自己
想辦法解決問題，逐漸養成遇到問題自己解決的習慣，這樣解決
問題的能力就會慢慢提高，將來遇到實際生活中的問題也就有了
主意，並能獨立解決了。

（3）溺愛會導致孩子的懶惰行為

運動包括腦部運動，大腦是身體各器官的總指揮，只有腦運動才能調節全身臟器的功能。腦子用得越少越易老化，腦子開始工作的時間越早，延續的時間越長，腦細胞老化的速度越慢。因此，要引導孩子多動腦、善動腦、勤用腦，腦子才會越用越靈，智力才會最大限度地得到發展。可是，為孩子包辦一切的父母，使孩子懶於自己思考事情，心裡想：「反正什麼事爸爸媽媽都會幫我做的。」日子久了，孩子的大腦一定會反應遲鈍，智力下降，最後真的成了「茶來伸手、飯來張口」的「小皇帝」、「笨少爺」了。

（4）溺愛會導致孩子罹患自閉症

專家指出，對孩子愛太多，過分滿足和保護孩子，抑制了孩子語言、行為的自然發展也會導致兒童自閉症。例如，很多家長看到孩子將手指向一件物品，就立即拿給他，甚至孩子的目光落到哪兒，家長就立即將東西拿過來，這樣其實抑制了孩子的正常

成長。父母過度滿足孩子的需求，孩子既不需要動手，也不需要動口，慢慢孩子會感覺什麼都不必做，不用說話就能滿足需求，沒有語言刺激，沒有語言交流，就失去了對語言的敏感，逐漸沉浸在自己的世界裡。正確的處理辦法是：多給孩子一些語言的刺激和交流，孩子的語言天賦才能被啟動。

05 正確引導孩子的「戀父」或「戀母」情結

　　男孩子的「戀母情結」和女孩子的「戀父情結」是孩子性心理發展過程中的一個特有的情感現象。孩子在3歲到6歲期間，必然會在感情上更加依戀父母中的一方。兒子更依戀母親，女兒更依戀父親，這是多數孩子進入3～6歲階段出現的一種心理現象。心理學家認為：孩子的戀父或戀母心理必須適時淡化，以防阻礙孩子日後的生活。

（1）防止孩子「性別障礙」的出現

　　3歲以上的孩子都會出現一種看起來不起眼，但是卻至關重要的心理發育。這項心理發育就是：孩子已經能夠分辨男女並能把自己劃進男性或女性的範圍。這是最初步的性別角色的形成，

幾乎所有的孩子都能順利地發育到這一步。

其實，這一步的邁出是孩子正在進行性別角色方面的認同。理想的狀況應該是，男孩跟父親認同，女孩跟母親認同。如果顛倒過來，就容易形成孩子的「性別障礙」，有可能發展為排斥異性，嚴重的可能形成同性戀的潛在內因。因此，要防止孩子的過度戀父或戀母情結阻塞其潛能發展。

許多父母都注意了，不給男孩穿花衣服，不讓女孩爬牆上樹。但更為重要的是，應該主動地多跟同性孩子一起玩，把交流和示範融入共同玩樂之中。父子共同「騎馬打仗」、捉螞蟻；母女一起打扮布娃娃、「跳房子」，這才是有益的天倫之樂。父母過於自我封閉，或者只會買好東西，開發智力，是無法促進孩子的性別認同的。

（2）別讓孩子「偏心」

孩子在嬰幼兒時期容易對爸爸媽媽出現「偏心」現象，就是

說，有一個時期孩子會更喜歡爸爸或者媽媽，似乎只喜歡他們其中的一個。父母習慣性地認為，女兒更親爸爸、兒子更親媽媽是天經地義的情感表現，卻忘了應該加倍地鼓勵和引導男孩去崇敬父親、女孩去理解母親。

其實，孩子偏愛父母其中的任何一方的現象很正常，但是如果男孩子只依戀母親，女孩子只依戀父親，而拒絕接受異性父母的愛護和情感時，就應該對他或她進行適當的教育了。

對偏愛母親的男孩子來說，應該增加父親和男孩子的接觸時間，多和父親做比較費體力完成的一些遊戲，父親和男孩子多接觸，對他的身體發育、智力發展非常有利。男孩子就需要格外親近具有男性心理特徵的父親，把父親當作本性（全體男子）的典型代表，從他那裡學習男性特有的性格氣質和舉止神態，將來才能成為一個被社會所承認的男人。另外母親不要過分地鼓勵男孩子依戀自己，可以讓他去找爸爸，取得生活上的幫助和智力上的

問題解決；對過度偏愛父親的女孩子來說，應該讓母親多親近女兒，父親要鼓勵女兒與媽媽多在一起談心，培養女兒女性化的一面。總之，父母要齊力幫助孩子跨過戀父或戀母的門檻。

06 單親家長與孩子的溝通要點

現代社會是開放的社會，夫妻雙方感情不和造成的離異家庭越來越多，孩子是最無辜的受害者，單親媽媽、單親爸爸如何使自己的孩子所受傷害最小，如何消除苦惱，使自己的孩子能夠像其他孩子一樣健康成材呢？有關專家認為，應該從以下幾個方面去努力。

（1）避免家庭暴力

長期生活在父母的衝突與爭吵之中的孩子，更渴望家庭的溫暖與父母的疼愛。可是父母由於忙於彼此之間的「戰爭」，無暇或根本沒有心思顧及孩子的感受。孩子在即將破裂或已經破裂的家庭中生活，備感壓抑、孤立、無援。經常目睹家庭「暴力戰

爭」的孩子，他們很容易憤怒、焦慮和失眠，情緒的波動使孩子無法靜心學習，勢必影響孩子的智力和能力的發展。

孩子最怕家庭暴力戰爭。父母的爭吵充滿敵意，不但會使孩子產生恐懼和不安，造成孩子的心理負擔，還會給他樹立負面的榜樣。要心平氣和，好聚好散，任何一方都不要用孩子做要挾，更不能教唆孩子參與戰爭。不要把你們的恩怨強加在孩子身上，煽動他們做出傷害親情的舉動。要知道在家庭暴力衝突環境下成長的孩子，將來也很難處理好自己的家庭婚姻問題。

（2）撫平孩子的心理創傷

兒童期的孩子經歷了父母的離異，心理必定會有創傷。本來穩定的生活忽然被破壞了，他們會有種被拋棄的感覺，而且很難對更換後的角色（繼父或繼母）產生信任。失去任何一方的愛，對他都是惡性刺激，會使他變得自卑、憂傷、孤獨，在學校不願交友、易怒、富於攻擊性、學業成績退步。不要忘記，這時可是

塑造孩子人格和性格的最佳時期，是孩子成爲天才的關鍵時期，所以，父母盡量不要把大人情感的波瀾帶進孩子的心靈，把可塑性極強的孩子塑造成脾氣古怪、不合群、不友善、焦慮多疑的孤僻者。父母這時需要在生活上用雙倍的愛去撫平孩子幼小心靈的創傷，在學習上更加關注孩子的進展，鼓勵孩子進步。

（3）幫助孩子處理好同學關係

孩子的心理壓力很大程度上來自同學。家長要鼓勵孩子在班上有幾個要好的同學，經常一起學習，一起度週末。孩子的群體生活一旦正常，許多問題就迎刃而解了。如果有個別同學說了刺激性的話，家長不妨找那個同學聊一聊或者寫一封信。誠懇的態度和有理的分析，會使孩子懂事的。

（4）讓孩子接觸其他長輩

如果是離異家庭，不管哪一方帶孩子，都應該讓孩子與另一方有接觸與交流的時間，感覺父母之愛。雙方都要理智，切忌

151

在孩子面前「爭寵」。另外，還要讓孩子與其他親友中的長輩接觸，擴大孩子的交往面，家長的同事也是交往對象。這對孩子的成長有好處。

第七章

孩子的天才潛能需要
後天的開發

家庭和睦，氣氛融洽，充滿親情之愛，可增進孩子的

智力。相反，夫妻反目，爭吵不休，孩子享受不到母

愛和父愛，這種惡劣的家庭環境，致使孩子心情壓

抑、孤獨，生長激素減少，使孩子身材矮小，智商降

低。

01 從孩子的營養補充開始

現代家庭大多少子化，父母們都希望自己的孩子聰明伶俐，要做到這一點，除了與遺傳、後天教育水準等因素有關之外，與飲食也有一定的關係。如果能為孩子均衡地安排飲食，就能促進孩子大腦的功能，培育出一個天才孩子。

（1）兒童生長發育需要哪些營養素

兒童是一個特殊的群體。其特殊性就表現在他們正處於身體、腦部發育期，所以均衡的營養對他們顯得尤其重要。兒童生長發育所需要的營養素可分為六大類（有人列為七類）：蛋白質、脂肪、碳水化合物、維生素、無機鹽和水。膳食纖維可歸於碳水化合物一類中，也可單獨列為一類。營養素的供應主要來自於食物，所以要均衡安排孩子的飲食，為他們的健康打下良好的

基礎。

（2）天才孩子的飲食寶典

牛奶——最佳補鈣營養液：鈣有利於骨骼和腦部的發育，最佳的補鈣食物是奶類（包括母奶、牛、羊奶、奶粉及各種乳製品）。牛奶營養豐富，鮮奶中含有促進腦細胞發育的營養素（鈣、蛋白質、脂肪、碳水化合物），還含有人體需要的其他營養素。

豐餐美食少不了豆製品：豆製品是以大豆為原料加工製作的食品。我們常吃的豆腐、豆漿、干絲、豆干、腐竹等均屬豆製品之列。豆製品中含有組成蛋白質的氨基酸二十餘種，兒童生長發育所需的九種必需氨基酸大豆中都有。大豆中還含有豐富的礦物質、膳食纖維、鈣、磷、鐵等等兒童神經系統發育、骨骼牙齒發育及全身體格發育所需的營養物質。

吃補鐵食品時別忘了補充維生素C：缺鐵性貧血是幼兒時期

的常見病，它首先影響到腦功能，孩子注意力渙散，好動、煩躁，學業成績退步。這種貧血多為營養性的，是容易預防和治療的。所以要即時預防及治療——即時添加副食品；吃補鐵食品時要注意補充含維生素C高的新鮮水果和蔬菜，如：奇異果、柑橘等。

（3）良好的飲食習慣會使孩子受益終身

良好的飲食習慣包括：飲食要有規律；不挑食、不偏食；不隨便吃零食；不暴飲暴食；注意飲食衛生。從很大程度上講，孩子的飲食習慣是被家長養成的。比如，應讓孩子置身於安靜的環境中用餐，一些家長，唯恐孩子吃的少，讓孩子邊看電視邊餵飯；也有的邊講故事邊餵飯；還有的追趕著餵飯；更有甚者蹲著便盆餵飯。久而久之，形成了一頓飯要吃很長時間的習慣。孩子的食慾不是每餐都很好，有時吃的少些也是正常現象。一部分家長為了彌補主餐進食量的不足，本著吃一口是一口的原則，在非

用餐時間以各種零食補充，這樣易形成不規律用餐和亂吃零食的壞習慣。父母要有意識的從小培養孩子良好的飲食習慣，否則一旦形成一種壞習慣後再糾正起來很困難。良好的飲食習慣會使孩子有一個強健的體魄和智慧的頭腦。

02 培養孩子的
聯想能力和想像力

　　人類天生的聯想能力和想像力，是創造活動的心理基礎。

調查研究結果顯示，兒童時期是一個人想像力迅速形成和發展的

重要時期。隨著孩子年齡的增大，他們的想像力呈遞減趨勢。此

外，有關研究發現，聯想能力和想像力也符合「用進廢退」的法

則，只要方法適當，多用多練，環境適宜，聯想和想像的能力就

會變得越來越強。

（1）鼓勵孩子自由地畫畫、講畫

　　從兒童心理學可知，2～12歲是幻想性特別強的階段，很適

合用自由式繪畫來發展想像力。在開發想像力階段，孩子畫得像

不像沒關係，只要喜歡畫畫，喜歡講畫就好。父母可以給孩子出

一些有啟發性的畫題，讓孩子憑想像去自由發揮。如「春天、媽媽愛我」等等。孩子想怎麼畫就怎麼畫，說是什麼就是什麼。切記：別把畫畫變成專業技能訓練。孩子在自由地畫畫和講畫的過程中，想像力就悄悄地發展了。

（2）猜謎語故事，激發巧思妙想

　　猜謎語是激發孩子聯想能力和想像力的好辦法。父母除了和孩子經常玩猜謎語遊戲，講謎語故事之外，可以把適合孩子年齡的小故事、小笑話，有意去掉一兩處關鍵內容，變成故事謎語後讓孩子動腦筋想答案，只要能讓情節變得合情合理，即使所答與原答案不符也算對，請注意不要非得「標準答案」，只要孩子的答案有幾分道理，就值得肯定、表揚。

（3）豐富的知識面和靈活的想像力

　　想像力和知識面的關係，就像駿馬和草原的關係。草原越大，馬兒就跑得越遠；知識面越廣，可供聯想和想像的資訊就越

豐富，想像力就越有用武之地。從這個角度看，那種早識字會破壞想像力的說法值得懷疑。事實上，以培養閱讀興趣為目的的早識字，能讓孩子在記憶力最強的階段開始累積知識，這樣的孩子有可能擁有極為寬闊的「知識草原」，讓想像力自由馳騁。

（4）為**孩子提供發揮想像力的氣氛和天地**

為了使孩子能自由活動，安心暢想，父母要為孩子提供友好的、愉快的、有鼓勵性的心理學氣氛。即使父母不同意孩子的想法和願望，也應該讓他明白：爸爸媽媽對這些想法和願望還是重

視的。應該鼓勵孩子和父母對一些事情展開討論，鼓勵孩子從不同的角度思考問題。不拘泥於簡單的模仿和統一的答案，是發揮孩子想像力的重要條件。遺憾的是有些父母總喜歡用自己的眼光代替孩子的觀察，用自己的腦子代替孩子去思考，不許孩子越雷池一步，過多地讓孩子機械模仿和重複，久而久之，就會挫傷孩子的想像力。如果條件許可的話，父母最好在家裡給孩子一個能自由遊戲、閱讀、活動的小天地，在活動中父母可適當地給予孩子啟發。因為孩子在遊戲中的試驗、實踐、發現問題的過程，正是他學會思考的過程。

03 培養孩子的探索精神

1928年，英國細菌學家弗萊明在檢查培養皿時發現，皿中的葡萄球菌生了一大團黴，黴團周圍的葡萄球菌也紛紛死亡。這類現象以前別的細菌學家也見過，但是都看做是無意義的灰塵污染，弗萊明卻沒有放過它，而是對其中的原因窮究到底，於是世上就有了青黴素這種劃時代的抗菌素。弗萊明對待未知事物「緊追不捨」的這種態度，就是探索精神，這是創新人才的重要素質之一。為了強化孩子的探索精神，父母可以大致採取下面這些措施：

（1）激發孩子的探索興趣

任何探索行為都是有一定「指向」的，例如指向電子、光

學、化學、音樂、舞蹈等等，但孩子的潛能特點卻要多年才能看清，小時候也就不宜過早為孩子「定向」。為此，可以對孩子採取「全面激發有益興趣」的做法，音樂、體育、科技、美術、表演、講演、外語……全都讓孩子有機會親自嘗試，瞭解常識，開發潛能，表達意願，這些做法成功激發了孩子多方面的探索興趣。

（2）鼓勵孩子的探索行為

每個孩子小時候都自發地以探索為樂，但是否受到父母鼓勵，效果卻不一樣。有時一、兩次錯誤的「打擊」，例如為好奇而拆鐘錶、電器，卻換來一頓毒打，就可能使孩子從此害怕探索，並持續多年。父母在家實行鼓勵探索的「政策」，不僅是拆東西之類的行為受支持，而且還鼓勵和父母探討任何問題，這樣就形成了一個寬鬆、愉快的探索氣氛。

（3）傳授孩子的探索方法

世上有「聽君一席話，勝讀十年書」一語，是指前人經驗對認知的指導價值，而「一切靠自己摸索」的做法則往往起點較低、效果較差。因此，在孩子探索未知事物時，父母應該提供適度的指導或建議：看顯微鏡時，教他微調、粗調、切片、染色；學電子琴時教他識譜、指法、彈練習曲；演講時說明論點、論證、重點、收尾的處理方法，然後再鼓勵他大膽發揮。這樣，孩子的探索往往入門快、興趣大、收穫多。

04 提升孩子IQ的秘訣

　　天才孩子的IQ不是生下來就那麼高的，除了先天遺傳的因素外，爸爸媽媽可以依靠後天的培養讓他們的智商提高，這是爸爸媽媽送給孩子最寶貴的財富。

（1）多與孩子交流可以迅速提高孩子的語言能力

　　專家認為，孩子在語言上的智商與他在嬰幼兒時期聽到的辭彙量之間存在一定的關聯。你和他說的話越多，他的辭彙量就越豐富。由於嬰幼兒的思想還侷限在具體的事物上，所以話語要盡量簡短，多說些和孩子有關的話題，比如他的小推車或他的玩具等。在孩子試著和您交流時，您可以鼓勵孩子描述出自己的意圖，告訴您他想做什麼、拿什麼東西，如果孩子說的不太清楚時，您也可以用話語描述出他的意圖，這樣，父母與孩子之間就

能互相交流，促進孩子語言智商的發展。

（2）父母的支持可以刺激孩子的大腦發育

一旦孩子確認父母是值得信賴的，並且可以隨時隨地從父母那裡得到愛和支持，他就開始了自己的探索旅程。也許您會發現，孩子經常會拉著您，把一朵花指給您看，或者是拼命地讓父母去看他發現的一顆星星，其實這些行為都反映了他想建立一條管道，這條管道可以支持他走向外面的世界。這個階段，爸爸媽媽應該經常抱抱或摟一摟孩子，多和他有一些目光上的交流，這樣可以激發孩子想要與人交談，進而進行交流的欲望。只有更多地探索和與外界交流才能更好地刺激孩子的大腦發育，讓他們越來越聰明。

（3）寧靜而芳香的環境有利於孩子智商的提高

研究顯示，生活在寧靜的環境中的孩子智商較高，而一個嘈雜的環境則會使智力發育產生障礙。美國研究人員用小雞做實

驗，發現高強度噪音可以在數小時內損害大腦細胞，僅持續兩天，與耳朵連接的神經細胞就開始萎縮甚至死亡。因此，應讓孩子盡量避免各種噪音的干擾，有利於智力發育和學業成績的提高。還有，在孩子的房間放一些花草或芳香物品（如芳香枕巾、書籤、香袋等），或灑一點天然的香水，造成一個香氣洋溢的環境，有益智的功效。奧妙在於芳香能給人一種良好刺激，使人心情鬆弛，情緒高漲，增強聽覺與嗅覺及思維的靈敏度，進一步提高智商。

（4）家庭和睦可以增進孩子的智力穩定

家庭和睦，氣氛融洽，充滿親情之愛，可增進孩子的智力。相反，夫妻反目，爭吵不休，孩子享受不到母愛和父愛，這種惡劣的家庭環境，致使孩子心情壓抑、孤獨，生長激素減少，使孩子身材矮小，智商降低。

05 讓音樂開啟孩子的智力

　　音樂是情感的聖地，智慧的天堂，良好的音樂修養對孩子一生的影響將不可估量；音樂是開啟人類智慧寶庫的鑰匙，因此適時地對孩子進行音樂啟蒙，將對智力發展起到獨特的作用。

（1）聆聽音樂可以開發孩子的大腦智力

　　育兒專家指出：經常聆聽優美的音樂，音樂中豐富的旋律和節奏，便會自然地融入右腦中，使得人在日常的言語、舉止，甚至表情都會自然地流露出優美的韻律感，因此，有選擇、有計畫地對幼兒進行音樂的教育和薰陶，對孩子日後的人格、氣質、修養都有很大的幫助。研究發現，3歲兒童經8~9個月的音樂訓練後，能明顯提高他的時空推理能力。這種能力能幫助孩子認識模型、拼圖及謎題遊戲。音樂訓練還有利於提高他的數學和解決問

題能力，提高右腦創造力和直覺思維，改善注意力和記憶力。

（2）演奏音樂可使孩子雙手更協調

有些家庭為孩子準備了樂器，讓孩子自幼開始學習音樂。這種演奏活動，使孩子的雙手更加協調。正如美國加利福尼亞大學醫學教授阿特拉斯經過多年研究指出：「學習彈樂器的人，由於左右手指神經末梢經常運動，能促進大腦兩半球的發展。」因為彈奏時，視覺、聽覺、觸覺及整個肌體，都必須處在協調一致的積極狀態下，所以能訓練孩子的思維、注意和記憶，啟發想像力和創造力。實驗證明，學音樂的孩子學其他課程都比較快。

（3）沉醉於音樂中可以陶冶孩子的情操

當人們欣賞音樂時，不論是大人還是孩子，常常會有一種陶醉感。音樂可以使你忘卻身邊紛擾的世界，進入一個神仙般的世界。難怪心理學家常常呼籲，要善用美妙的音樂來調節自己的情緒，陶冶自己的性格。對孩子來說，自出生之前就開始對音樂有好感，出生後不斷發展著對音樂的喜好，3、4歲時就已初步具備

欣賞音樂的能力。音樂能使孩子享受一種深深的愛，使孩子的心情充滿歡樂。這種情緒會促使神經系統的發育完善，能夠調節血流量和神經系統的活動功能。這種愉快的情緒也有利於孩子的記憶、理解、想像思維等各種能力的發展。

（4）古典音樂可激發孩子智力增長

美國的幾項研究證明：大腦中許多與學習相關的聯繫，可以在幼兒時期用古典音樂加以激發。古典音樂的複雜性及其特有模式，有利於幼兒認知能力的培養，也有助於幫助他們隨著年齡的增長而學習有關數學、科學和語言方面的知識。聽古典名家的曲子能夠激發人的創造性和理性思維能力，幼兒身處其中對時間和空間的感受也更強烈。這為他們在智力遊戲、解決難題甚至進行科學實驗的技能上具備了潛力，幼兒的語言能力也會得到訓練，因為音樂的節奏、音調和反覆性能增強孩子的語言表達能力。但並不是所有的古典音樂的節奏都適合幼兒，應採用一些安寧的樂曲。

06 體能鍛鍊使
孩子學習更上一層樓

　　體能的鍛鍊對孩子智慧的開發十分有益，在體能鍛鍊時孩子會發現自己舉手投足的空間更寬闊，無形中為自己提供了自在表達、引發潛能的機會。

（1）「有氧」的體能鍛鍊可以促進學習效率

　　讓孩子參加各式各樣的體能鍛鍊，可以達到全面鍛鍊身體的目的。體能鍛鍊可以使孩子的內臟肌肉發育協調，使孩子的耐力、速度、靈敏度、力量協調，柔韌等均衡發展。尤其是孩子進行有氧體能活動時對孩子的智力發展最有益。運動是會消耗人的能量的，如果是無氧運動（劇烈運動）體內氧氣被大量消耗，孩子容易產生疲勞；而有氧運動可以使身體內產生足夠的氧氣，有

助於孩子大腦的供氧和全身的放鬆，所以有氧運動後，孩子會更

有精神去學習，學習效率顯著提高。

（2）體能鍛鍊重在培養體育精神

體育精神是一種正確看待成功與失敗的精神，一種不達目

的絕不罷休的精神，一種團結協作的精神，一種挑戰極限、奮鬥

不息的精神。而這些精神都是孩子在學習和生活中不可或缺的精

神。有了這些精神，孩子們就不會害怕失敗，會從每次的失敗中

汲取教訓，贏得最終的成功。

（3）培養孩子學會享受肢體舒放的感覺

我們常見一些孩子在家裡還算活潑，但是一到社交場所，就

明顯的害羞，所有的才能似乎一下子不見了。這種下意識的自我

限制，其實是可以透過孩子所喜歡的體能活動來解決，比如可以

在孩子的「心理」和「身體」之間建立一個舒暢的管道。從今天

起，父母看到孩子在客廳鑽來鑽去時千萬不要洩氣，不要認為沒

有把孩子教好。重要的是，父母要想如何給孩子提供一定的盡情遊戲、跑跳和開發體能的時間和空間。可能您曾經看到有些父母把小嬰兒帶到游泳池，讓孩子在水面上浮動；可能您曾經看到有些父母把小嬰兒放在草坪上爬動；可能您也曾經看到有些父母和孩子共乘雙人腳踏車在郊外踏青……在這樣的遊戲、活動的機會中，孩子的生命空間正因此而開始擴大，孩子的潛能也會因此而被慢慢地開發出來了。

07 讓孩子參加
戶外活動的益處

　　親近自然，是孩子們最嚮往和渴望的事情。人與自然本身就應該是融為一體的。而如今由於社會的壓力，現代家庭中的父母都只片面的重視對孩子進行智力方面的早期教育，除了周一至周五將孩子送到幼稚園接受教育外，還利用假日將孩子送到各種才藝班、培訓班，孩子與自然接觸的機會甚少，其實，戶外活動是一種很好的促進父母親與孩子情感的方式，同時在這過程中也能培養孩子的多種能力。戶外活動的形式是五花八門的，比如：散步、親子體育遊戲、外出郊遊等。其實在戶外活動過程中，父母親可以培養出孩子的多種能力。

（1）觀察力的培養

　　年齡越小的孩子對外界的一切事物越是感到好奇，什麼都想知道。孩子透過自己的觀察會向父母親提出各式各樣的問題，比如最簡單的：「這是什麼呀？」這時，身為父母就應該即時給予積極的回應，詳細解答孩子的疑問，以進一步激發孩子觀察的興趣，而不是草草的應付或只是不耐煩的回答。

　　父母要有意識的引導孩子進行觀察，可以向孩子提出問題，如：「你猜猜那是什麼呀？」根據孩子的年齡特點，和孩子進行一些小遊戲，如：讓孩子和父母親進行比賽，看誰先找到紅顏色的花。對已經能識字的孩子來說，在帶孩子外出的過程中可以和孩子比賽「認相同字」的遊戲。經常性的透過遊戲引導孩子觀察周圍的世界，孩子的觀察能力就會越來越強，同時求知的欲望也會更加強烈。

（2）思維力的發展

　　曾有一個作家，他在他的孩子5、6歲的時候，每星期都帶他

到公園裡去看螞蟻、捉蝴蝶，帶孩子到郊外去採桑葉、觀察樹葉和花草的變化。在每一次活動中，他都會提一些容易引起孩子思考的問題，如：「螞蟻是住在哪裡的？」、「春天的樹葉和秋天的樹葉有什麼不同？」鼓勵孩子啟動腦筋來思考回答問題。同時也鼓勵孩子自己提問題。所以父母要利用每次和孩子的戶外活動教孩子學會思考。由於發展思維力是培養創造性的核心，所以要培養孩子學會思考、善於思考，讓孩子在思考問題的過程中發展思維力和創造力。

（3）自我保護能力的形成

從孩子誕生那一刻起，父母親都十分關注孩子的一舉一動，使孩子在父母的保護下有了極大的安全感。但在戶外活動中，孩子難免會發生一些小意外。特別是在體育遊戲中，摔跤、碰撞等常有發生。這個時候，父母親就要注意對孩子自我保護意識和能力的培養。如在孩子遊戲前教導他：摔跤時用雙手撐地，追逐

遊戲中如何躲閃，平衡時藉助其他物體保持平衡等。父母不可能無時無刻陪在孩子身邊，如果孩子不能在安全中生活，就談不上智力的開發了。

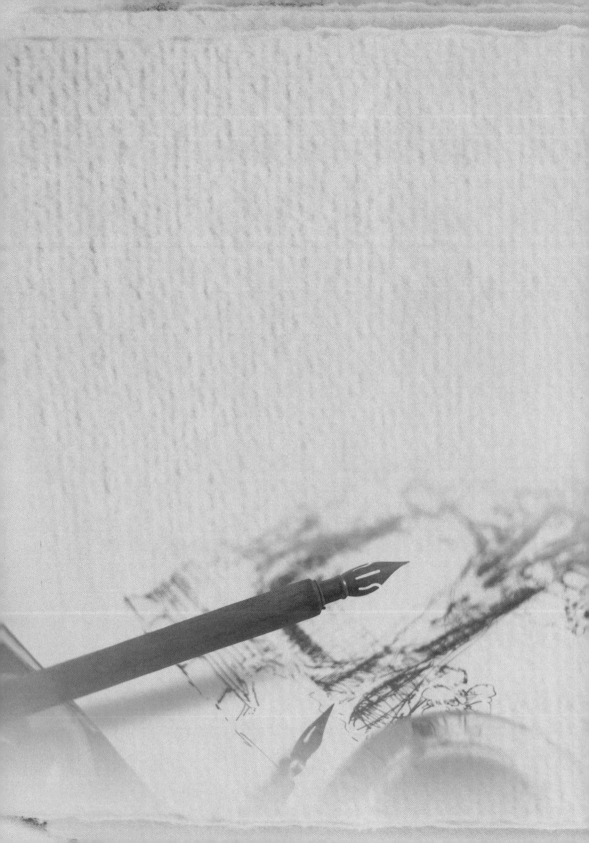

第八課
心理教育助孩子茁壯成長

父母們通常都會認為孩子成長的軌跡是一條斜線，只要努力就會不斷地進步、持續地成長。但是，實際情況並非這樣，孩子的成長軌跡一般來說是呈階梯狀的。中間有停頓，也有受到刺激後的突變。也就是說，即使是努力了，在一段時間之內孩子也會表現的止步不前，然後在某一時刻會有一個突然的發展。

01

愛笑的孩子是 聰明的孩子

愛笑的孩子通常都會比較聰明，這是在系統地研究了年齡與智慧之間的關係後得出的結論。研究人員發現，聰明兒童對外界事物發笑的年齡比一般兒童要早，笑的次數也更多。

（1）笑是智力開發的最初動力

從孩子的發育過程看，通常3個月左右會出現發笑反應，只要醒著，一看到家人熟悉的面孔或新奇的畫面與玩具時，就會高興地笑起來，嘴裡呵呵地叫，又揮手又踢腿，可謂手舞足蹈。另外，當他吃飽睡足，精神狀態良好時，儘管無外界刺激，也會自動發出微笑。前一種笑被稱爲「天真快樂效應」，後一種則稱爲「無人自笑」。

研究顯示，「天真快樂效應」是孩子與他人交往的第一步，

在精神發育方面是一次飛躍，對大腦發育是一種良性刺激，被譽為智慧的一縷曙光。至於無人自笑，乃是孩子在生理需要方面獲得滿足後的一種心理反應，這兩種笑均有益於大腦的發育。由此不難明白，父母多與寶寶接觸，並用歡樂的表情、語言以及玩具等激發其天真快樂效應，同時注重餵食，吃飽睡足，促使其早笑、多笑，乃是中期智力開發的一大妙招，值得年輕的父母們重視。

（2）孩子的笑與鐵元素的關係

小兒科醫生最近有了一個很重要的發現，那就是笑與鐵質之間的關係。研究資料顯示，凡是面帶微笑、眼球靈活、目光炯炯有神的孩子，其體內的鐵儲存多數正常。相反，表情嚴肅、呆板，或1小時內僅發笑1～2次的寶寶，血中鐵含量可能不足。如果在1週內連續補鐵，嚴肅的表情會逐漸消失，取而代之的是愉快的神情，否則，這個孩子長大後很可能智商不高。

從專家以上的結論不難得出兩點啟示：一是鐵這種必需微量元素不僅像一般人所熟知的與造血有關，尚對智力與情緒發育發揮相當大的影響，不能不給予高度的重視；二是可以把孩子不喜歡笑視爲孩子體內缺鐵的一個早期警報，切不可等到出現貧血症狀時才想到補鐵，以免給孩子的智力與心理發育帶來損失。換句話說，當發現你的孩子不肯笑時，即應想到可能缺鐵，需要在小兒科醫生指導下補充富含鐵的食物甚至鐵劑。

（3）讓笑聲培養孩子快樂的性格

美國兒童心理學家經過多年的研究發現，注重培養孩子的快樂性格，有利於孩子健康成長。所以，爲了孩子的健康成長，請讓你的孩子多笑一笑吧！當遇到困難的時候，讓孩子學會微笑的面對；當遭受失敗的時候，讓孩子不要一味地哭泣，要對失敗「一笑置之」，以好的心情迎接下一個挑戰。父母要用「笑」來培養孩子的快樂性格，他們長大後才會成爲一個樂觀的天才，一個能戰勝一切困難獲得成功的天才。

02 讓孩子學會情緒管理

　　人的行動不僅取決於理智，而且還取決於情緒和感情。一個

兒童縱然智力發展良好，如果情緒時好時壞，缺乏求知欲、興趣

感、成就感、挫折感和理智感，他的智慧的進一步發展就會受到

限制。兒童時期孩子仍處於心智不成熟時期，所以父母要教會孩

子學著妥善管理自己的情緒。

（1）孩子的情緒需要父母的理解和引導

　　晶晶從幼稚園回到家，一臉的不高興：「今天老師本來說

要帶我們出去，又說陰天怕下雨就不去了。真沒意思！」遇到這

種情況，多數家長的反應是：「這點小事有什麼好煩的？今天不

去以後再去嘛！」但這樣做的後果是她認為您根本不了解她的感

受。您的反應讓她心理上產生了不服氣，往後很長的一段時間

裡，孩子都會被這種心理不平衡的負面情緒所左右，並持續影響

她的其他活動。

可是晶晶的媽媽就聰明多了。她溫柔地回應說：「哦，確實

挺可惜的。不過沒關係，天氣好了老師還會再帶你們出去的。別

再想這件事了，我們一起玩遊戲好嗎？」媽媽的一番話讓晶晶的

心情很快平靜了，開始愉快地玩遊戲，並帶著這份好心情度過了

一個晚上。

　　妥善管理自己的情緒是人的一種重要的能力。但是幼兒情緒控制能力通常較差，常會爲一點小事而耿耿於懷，在這個時候，理解孩子的情緒，再加以引導，是讓孩子獲得一份好心情的基本途徑。

（2）父母要妥善處理孩子的不良情緒

　　孩子控制情緒的能力比較差，他們主要有三種情緒需要父母加以識別和妥善處理：一是，孩子無理哭鬧時，父母可以不去制止，不去理會，這樣，孩子發現發脾氣沒有什麼好處，其脾氣就會越來越小；二是，孩子有時會發生對自己和他人都不利的情緒過激現象，例如孩子因發脾氣與別的孩子爭吵打架，或者脾氣一來撞頭捶胸、摔毀物品等。遇到這些情況時，父母不應視而不見，而要採取一致行動進行嚴厲制止，讓孩子知道發洩情緒應有一定的界限，發洩情緒不能傷害別人和損害物品。孩子長大一些時，則盡量鼓勵孩子用語言表達自己的情緒，告訴他遇到問題時

要講道理，說緣由，不要動不動就無理取鬧、亂發脾氣；三是，孩子取得好成績時會得意洋洋，這時父母要先表揚孩子，肯定他的成績，然後再告訴他不能因為這樣就驕傲自滿，謙虛才能取得更好的成績。

（3）讓孩子宣洩不良情緒

兒童與成人一樣常有情緒變化，諸如憤怒、傷心、失望、害怕等。如果孩子心中的積鬱和不快長期得不到宣洩，就會注意力不集中、行為呆板、神經失常、精神不振、人際關係緊張、學業成績快速下滑。因此，父母最好每天抽出幾分鐘時間以朋友的身分與孩子交心，讓孩子淋漓盡致地吐露自己的委屈、憂愁和牢騷等不快，使其達到心理平衡。

03 重視孩子的心靈需要

孩子的心靈是一個沒有雜質的淨地，沒有謊言，沒有欺騙，一切都直來直去，他們的行為都是基於想滿足自己某種單純需要所致。但如果爸爸媽媽對他們的行為缺乏敏銳知覺，則可能引起不良的後果。

（1）重視孩子的心靈教育

提到心靈教育，首先會涉及到「心是什麼」這個問題。《辭典》中對「心」是這樣解釋的：「被認為是與身體相對應的，產生知識、情感、意志等精神作用的本源的物質。」由此可以看出，它與和肉體相對的精神具有相似的意義。也就是說，所謂心靈的培養便是有異於身體培養的一種精神的培育。

孩子在成長的時候，身體的發育是一目了然的。個子稍微矮

了點，體重增加得慢了點，媽媽馬上就會察覺出來，會立即給孩子補充營養。可是，心靈的發育是肉眼看不見的，因而常常不被父母注意，而且即使感到有什麼不對勁的地方，也會因為表現得不明顯而疏忽了。所以，為了孩子心靈健康成長，從孩子的兒童期開始，父母就要開始重視他們的心靈需要了。

（2）孩子都有被父母重視的渴望和需要

從孩子呱呱墜地之日起，他就成為這個家庭的一分子，隨著年齡的增長，孩子的自我意識越來越強，他們逐漸認為自己是重要的，進而就有了想引起爸爸媽媽注意的需要，也就是說，有了渴望被父母重視和尊重的心靈需要。有些孩子可以利用好的行為表現來取悅父母，得到讚賞和重視，進而滿足其心靈需要；可是有的孩子做不到這一點，當他們的需要得不到滿足時，他們就會用不恰當的行為表示他們的不滿，比如說，當孩子覺得父母用權力來支配自己，就會以反抗來表現自己的能力。父母越是行使

權威，孩子的反抗就越大；當孩子覺得自己全無價值，就連對抗

的勇氣也失去，則會透過表現無能來逃避別人對他的要求，情緒

低落，拒絕做事，以此種方式引起父母注意。過分控制和支配孩

子，都是不尊重孩子心靈的行為。負責任的父母應敏銳的觀察到

孩子的渴望被尊重、被欣賞的需要，密切關注和積極回應孩子的

心靈。

（3）不要讓孩子的心靈創傷影響他的成長

我們總是會對某些特別的事件，在某種特定的情形下，容

189

易憤怒，愛發脾氣。我們往往認為，是這種事最可惡，或是客觀原因出了問題，卻不知道——我們的負面情緒可能是兒時心靈創傷的延續。因為人的整體心理狀態完全是過去經歷的延續。每個人過去形成的感受和觀念，還會反映到現實生活中。如果兒時心靈受過傷害，比如說在幼年時期感受不到父母的愛，那麼這種傷害的印記（孤獨感、自卑感和不安全感）會深深的烙在孩子的心中，對孩子以後的成長造成影響：形成我行我素，不會和他人友好相處、冷漠等等不良個性。

04 培養孩子的自信心

　　自信心對孩子一生的發展所起的作用，無論在智力上還是體力上，或是待人處事能力上，都有著基石性的支援作用。一個缺乏自信心的孩子，便缺乏在各種能力發展上的主動積極性，而主動積極性對刺激孩子的各項感官與功能及其綜合能力的發揮起著決定性的作用。信心就像孩子的能力催化劑，將孩子的一切潛能都調動起來，將各部分的功能推動到最佳狀態。

（1）孩子需要堅實的自信心

　　自信心可以使孩子受益終身，可是兒童教育學家透過觀察分析眾多的孩子及其成長實例，發現並非任何自信心都是有益的。孩子的自信心至少有以下三種：

　　盲目的自信心──主要是在別人誇大其詞的讚美中養成的，

因為缺少實際能力而根基不牢，容易在現實生活中飽受打擊而喪失。這種自信心是父母嬌寵孩子的副產品。

虛弱的自信心——主要建立在周圍的人不如自己的基礎上（尤其是考試成績），一旦有人超越自己，而自己無法再保持領先地位，自信心便轟然瓦解。

堅實的自信心——主要來自孩子自身能力發展過程中的成功體驗，以及紮實的才能與學識。它能夠在進取過程中日趨堅定，是「成功型」的自信，這種自信心也是創造人才的特徵之一。孩子需要的無疑是這種自信心。

（2）用長遠的眼光來培養孩子的自信心

很多父母都習慣根據現狀來評價孩子，而忽視潛能這個「大籌碼」，這有點像用小樹苗的現狀來貶低參天大樹，容易造成妄自菲薄。忽視潛能的評價方式對孩子特別有害，因為他們的自信心更脆弱易碎，容易在錯誤評價的打擊下受傷，妨礙日後潛能開

發。

所以，父母在跟孩子打交道時，也應注意多些鼓勵，而不是輕易貶低。諸如「你完了」、「你這傢伙根本沒希望」、「你這個蠢材、笨蛋」之類的話，千萬別輕易說出口。如果想培養孩子成材，就更要保護孩子的自信心，別讓未來的有用之才被信口「罵煞」。

（3）讓孩子在不斷的改正中增強自信

堅定的自信心固然重要，但是如果過分自信，就會固執己見，抱殘守缺，同樣會妨礙創造能力。所以父母還要培養孩子具備一種可以對抗固執和思維僵化的本事，即自我糾錯能力，以便消除過度自信帶來的不利。首先，培養孩子實事求是的精神和發現錯誤的能力；其次，要求孩子用理智調控情緒，主動消除維護面子的衝動，養成坦率認錯的習慣；再次，鼓勵孩子向自身弱點挑戰，透過增強實力提高糾錯能力。

05 教會孩子排解壓力

我們現在生活在一個節奏越來越快的時代，無形的壓力像烏雲一樣籠罩著我們。我們總認為孩子都是無憂無慮的，他們的笑容是世界上最甜美的花朵。果真是這樣嗎？越來越多的兒童也感受到了生活的壓力，而且這種現象有低齡化趨勢。

（1）正確面對孩子的壓力

什麼是壓力呢？壓力是指個體在生理或心理上感受到威脅時的一種緊張狀態，它使人產生不愉快甚至痛苦的感覺，進而在心理和行為上發生一系列的變化。對孩子來說，如果自己生病了、剛剛上幼稚園尤其是上全日班、搬家、父母離婚等等，這些都是孩子壓力的來源。如果父母本身情緒不穩，易暴易怒，孩子做錯了事就會挨罵；做對了，父母也不表示贊同，這樣孩子就會在壓

力之下無所適從。也有的父母事事要求完美，非要達到100分才OK，這樣孩子就整天生活在壓力之中了。

壓力會使孩子在身心兩方面都受到一定的影響，一般而言，2歲的孩子就會有緊張情緒出現，也有的孩子表現為情緒低落、行為退縮，有的甚至會出現腹痛、頭痛、無精打采等現象。當孩子遭遇壓力時，有的父母不忍心讓孩子受苦，就採取逃避的方法，比如孩子上學不適應，就讓孩子回家待幾天，這樣，孩子雖然暫時躲開了壓力，卻失去了學習與發展自己應對、挑戰壓力的技巧和方法。

（2）訓練孩子應對壓力的能力

有遠見的父母應該從小訓練孩子應對壓力的能力，讓孩子在輕鬆的環境和心態中長大成材。

方法一：讓我們看雲去！如果您的孩子一有壓力就緊張得大哭大叫，您首先要設法找出原因，心平氣和地安撫他，然後帶他

出去散步，看看天上變幻的雲朵；或者與孩子一起坐下來找本書看，親子共讀中，他的緊張情緒一定會得到抒緩。慢慢地，孩子自然也會懂得，大哭大叫並不是一個好辦法。

方法二：緊緊擁抱三分鐘！一旦孩子感受到壓力，媽媽一定要設法讓他知道：他不是無助的，也並不孤單。這種心理暗示對孩子很重要。您可以緊緊地擁抱著他，在他耳邊講幾句悄悄話，讓他感受到您的愛正包圍著他。

方法三：跑跑跳跳向前衝！選擇一塊草地，媽媽走在最前面，做各式各樣的動作，如兔子跳、單腳跳、張開雙臂高興地唱著「啦啦啦」，或者做騎馬的動作讓孩子模仿，爸爸在孩子身後保護，您也可以抱著寶寶轉圈圈，在草地上打滾，最後爸爸媽媽一起牽著孩子的雙手歡愉地向前奔跑！

方法四：放鬆肌肉！父母可以跟孩子講一些能讓孩子開心的事情，同時讓孩子邊聽故事邊左右擺動自己的身體，這樣可以使孩子的神經和肌肉都得到放鬆，情緒緊張自然也會漸漸緩解。

06 給孩子「走冤枉路」的機會

　　孩子會走路之後就很喜歡到處走動，並且還想掙脫媽媽的手自己一個人走。如果沒什麼危險，就應盡可能的給孩子多一些體驗，以保護他「自己來做事」的熱情，哪怕不小心「走冤枉路」也無妨。這對培養孩子堅強性格具有重要的意義。

（1）中西方媽媽的教育差別

　　在一所幼稚園裡有個沙坑，裡面有一些玩具，如小鏟子、空瓶子及漏斗，小孩子很喜歡把沙裝在漏斗中再裝到瓶子裡。因為它是一個國際的幼稚園，各種國籍的孩子都有，在孩子們玩沙子的時候有一個很有趣的現象：當外國的小孩子用小鏟子把沙子裝在漏斗中，因為漏斗會漏，沙子裝不滿，小孩子便把手指頭塞到漏斗底去堵住漏口，當沙裝滿時便把它移到瓶子口上，把手指放

開將沙漏放進瓶子中，但是沙漏的速度很快，從手指挪開到對準瓶口這段距離，沙子便漏的差不多了，這時孩子會鍥而不捨，一點一點累積，手指挪開的速度也越來越快，突然之間，孩子開竅了，他把漏斗口直接對準瓶口再倒沙，瓶子很快的就滿了，這時孩子會發出勝利的笑聲，高興的回頭看媽媽，媽媽會拍手以示鼓勵。

中國的母親便不一樣了，當孩子拿起漏斗，沙子從底部流失時，中國的媽媽便立刻蹲下去說：「來，媽媽教你，把漏斗對準瓶口，再把沙從這裡灌下去。」雖然中國孩子比美國孩子早學會用漏斗，但他很快便對玩漏斗沒興趣了，不玩了，爬出沙坑要媽媽抱。

（2）「走冤枉路」也是學習的必修課

上面的事情體現了中西方教育方法的不同。中國父母什麼都願意為孩子做，多替他做一些，孩子少辛苦一些。父母忘記了「走冤枉路」其實也是學習的方式之一，有些發現是要在走了冤

枉路之後才會出現的，而且自己辛苦後的成果特別甜美，它帶給孩子獲得新知的喜悅。當孩子們透過自己不斷嘗試，最終成功時大喊：「噢！原來是這樣啊！我知道了！」這個喜悅會使前面的挫折感一掃而空。

　　反觀我們的父母，剝奪孩子從失敗中求得經驗的機會，也剝奪了讓他證明自己能力的機會，還沒等孩子自己找出答案，父母就已經告訴他答案，所以孩子很快就沒興趣了。這種動不動就找大人幫忙，輕易就放棄挑戰的現象在孩子上學後會非常明顯，中國的孩子碰到不會的問題時，常停下來等大人幫忙，不會自己想辦法。父母無法永遠在孩子的身旁隨時幫他找答案，但是可以教他動腦筋的方法，可以在遊戲中訓練孩子獨立完成一件事，鼓勵孩子去嘗試新奇的做事方法，不必事事都照父母的想法來做，孩子們自發性的創造力就是這樣培養出來的。另外，人生很多經驗的獲得是要付出代價的，適量的挫折可以培養孩子堅強的性格，適應這個多變的社會。

199

07 正確面對孩子的叛逆心理

　　自發性順利發展的孩子，在2歲前後便開始動不動就說：「不。」這意味著孩子即將進入第一反抗期了。在孩子成長的過程中，存在三個比較明顯的反抗期，它們是：2、3歲時的第一反抗期，小學二、三年級時的中間反抗期，青春期時的第三反抗期。

（1）反抗是孩子順利成長的標誌

　　反抗是孩子正在順利成長的標誌。所以，若被孩子反抗，做父母的應該感到高興。當孩子出現反抗言行時，做父母的就可放寬心了：我們的孩子也在順利成長呢！可是令人遺憾的是，很多父母一遇到孩子反抗，馬上就發起火來：「怎麼能對父母這樣。

真是不聽話的壞孩子。」其實，反抗是與自我成長同步出現的自然表現，在反抗期裡不會反抗的孩子才是令人擔心的孩子。

（2）巧妙應付孩子的「叛逆」行為

對孩子的反抗，父母不要與之對抗，而要巧妙地應付。到了反抗期，孩子想自己做事的願望變得強烈起來，如果父母不許孩子這樣做，反而使他增強了想這樣做的欲望，這時，媽媽會覺得孩子變得非常難對付，甚至會想，這孩子真的變得任性了。其實，孩子的這種表現正體現了孩子想自己獨立行事的欲望。因此，在這種情況下不要訓斥他，而是要好好地保護孩子獨立行事的熱情。

比如在第一反抗期，是孩子什麼都想透過自己的手來做的時期，因此，無論是穿衣服，還是穿鞋子，都要花很長時間。所以，媽媽若是要帶孩子外出的話，對此要有心理準備，最好提前二、三十分鐘就開始讓孩子做準備。並且在打算幫他時，如果他

說「不」，那就放手讓他獨自去做就是了。所以，在孩子的反抗期，父母不要試圖控制孩子非要按照父母的意願行事，只要孩子所做的事是建立在自發性基礎上的自我主張，而不是出自任性的欲望，就放手讓孩子發展自我吧！抱著這種寬鬆的心態來對待孩子，孩子會自然地從反抗期中畢業的。

（3）杜絕成見，適當讓步

預想孩子會產生叛逆心理或情緒的父母實際上是在挑起這種情緒。父母不要一看到孩子們有獨立意識的跡象便極力壓制，擔心稍有讓步，就會導致孩子走上歧途。父母反應越激烈、越過分，孩子們就越會堅持己見。事實上，孩子在這個年齡只是追求自己的獨立人格而已，並不像有些父母想的那樣存在很強烈的叛逆心理。只要父母指導得當，絕對可以順利地度過孩子反抗期的。

08 培養天才不可
揠苗助長

經常聽到許多父母問：「已經教孩子這麼多次了，怎麼他還是學不會？」、「我每天都陪孩子讀書，也盡量用活潑的方式帶領他，為什麼他對書本還是一點興趣也沒有？」面對這些問題，兒童教育學家向父母呼籲：「爸爸媽媽們不要急！」

（1）孩子的智力發展有快也有慢

和上面所說的父母一樣，一些父母經常會有這樣的苦惱和擔心：「鄰居家的孩子早就能說話、寫字了，我們家的孩子為什麼到現在還不行呢？」這些擔心其實都是沒有必要的。對這些為孩子擔心的父母們，兒童教育學家常常向他們強調並提醒他們：「每一個孩子發育的程度都各不相同，發展的速度快慢也不相同，有的早一些，有的晚一些。因此，沒有對所有孩子都適用

的、統一的標準。絕對不能用同一把尺來衡量孩子是正常還是有問題的。」

根據專家的這一說法，在判定一個孩子是否在正常地成長、有沒有發生什麼問題的時候，不能僅僅就孩子本身加以判斷，還要同時考慮孩子周圍的環境。父母必須對這一事實有所認知。

（2）父母要弄清楚孩子的成長軌跡

或許有的父母會問：「萬一我的孩子落後於別的孩子，或者錯過了最佳的教育時機該怎麼辦？」其實，這種擔心完全是因為這些父母還不瞭解孩子成長的秘密。

父母們通常都會認為孩子成長的軌跡是一條斜線，只要努力就會不斷地進步、持續地成長。但是，實際情況並非這樣，孩子的成長軌跡一般來說是呈階梯狀的。中間有停頓，也有受到刺激後的突變。也就是說，即使是努力了，在一段時間之內孩子也會表現的止步不前，然後在某一時刻會有一個突然的發展。如果

父母們以一種焦急的心態不斷地讓孩子學這學那，嚴厲地督促他們跟上學校功課的話，很有可能在某一瞬間，本來呈階梯狀發展的孩子的成長軌跡就會在那裡戛然而止，進而犯下無可挽回的錯誤。

（3）潛能的開發是一個「時間表」的問題

關於孩子的潛力問題教育學家常常會說一句話，那就是「Time　Table」（時間表）。我們經常可以聽到這樣的話，「這個孩子在小時候本來挺聰明的，可是長大以後卻不怎麼樣

了。」、「這個孩子在小時候連話都說不好，可是現在不管做什麼都比別人快。」確實如此，孩子完全按照父母的期待和預想長大成人的例子可以說絕無僅有。隨著孩子大腦發展的過程、孩子周圍的環境和條件，以及孩子與生俱來的個性和氣質等等的不同，孩子的潛在能力會在誰都無法預測的某個時間突然呈現出來。

所以父母可以做的事情只是：相信自己孩子的成長時間表，並設法去除妨礙這一時間表的各種因素。因此，希望把自己的孩子培養成材的父母們必須要具備的一個條件：凡事不能操之過急，要有懂得等待的智慧。

國家圖書館出版品預行編目資料

爸媽做對了，孩子就優秀／陳光總主編
－－第一版－－台北市：宇炯文化 出版；
紅螞蟻圖書發行，2010.4
面　　公分－－(父母大學；6)
ISBN 978-957-659-768-8 (平裝)

1.親職教育　2.資優兒童教育　3.子女教育

428.82　　　　　　　　　　99004992

父母大學 **6**

爸媽做對了，孩子就優秀

總 主 編／陳　光
美術構成／Chris' Office
校　　對／朱慧蒨、周英嬌、楊安妮
發 行 人／賴秀珍
榮譽總監／張錦基
總 編 輯／何南輝
出　　版／宇炯文化出版有限公司
發　　行／紅螞蟻圖書有限公司
地　　址／台北市內湖區舊宗路二段121巷28號4F
網　　站／www.e-redant.com
郵撥帳號／1604621-1　紅螞蟻圖書有限公司
電　　話／(02)2795-3656（代表號）
傳　　眞／(02)2795-4100
登 記 證／局版北市業字第1446號
港澳總經銷／和平圖書有限公司
地　　址／香港柴灣嘉業街12號百樂門大廈17F
電　　話／(852)2804-6687
法律顧問／許晏賓律師
印 刷 廠／鴻運彩色印刷有限公司
出版日期／2010年 4 月　第一版第一刷

定價 230 元　港幣 77 元

ISBN　978-957-659-768-8　　　　　　Printed in Taiwan